Kerstin Kase

Mit Humor für mehr Motivation

Auswirkungen eines humorvollen Führungsstils in der Pflege

Bibliografische Information der Deutschen Nationalbibliothek:

Die Deutsche Nationalbibliothek verzeichnet diese Publikation in der Deutschen Nationalbibliografie; detaillierte bibliografische Daten sind im Internet über http://dnb.d-nb.de abrufbar.

Impressum:

Copyright © Studylab 2018

Ein Imprint der Open Publishing GmbH, München

Druck und Bindung: Books on Demand GmbH, Norderstedt, Germany

Coverbild: Open Publishing GmbH | Freepik.com | Flaticon.com | ei8htz

Inhaltsverzeichnis

Abbildungsverzeichnis

„Verstand und Genie rufen Achtung und Hochschätzung hervor, Witz und Humor erwecken Zuneigung und Liebe."

David Hume (1711-1776), schottischer Philosoph, Ökonom und Historiker

1 Annäherung an das Thema

Im Zeitraum 2003 – 2013 hat sich die Zahl der in der Altenpflege Beschäftigten um ca. 40 Prozent erhöht (2003: ca. 712.000, 2013: ca. 1 Mio.). Im Vergleich zum Jahr 2011 gab es 2013 rd. 6 Prozent mehr Beschäftigte in der Langzeitpflege. (Quelle: Gesundheitsberichterstattung des Bundes, 2017).

Wachsende Anforderungen seitens der Unternehmen und der Bewohner bzw. deren Angehörigen, zunehmender Zeitdruck und fehlendes Personal sind Bedingungen die jeden einzelnen von ihnen betreffen. Schichtdienste, häufiges Einspringen, viele Überstunden, wenig Freizeit führen zu Überforderung, Überlastung, Demotivation der Mitarbeiter. Ein hoher Krankenstand, eine hohe Fluktuationsrate und das Absinken der Pflegequalität sind daraus resultierende Folgen.

Mitarbeiter motivieren und binden sowie die Erhaltung und Steigerung der Pflegequalität sind zentrale Aufgaben der Führungskräfte im Gesundheitswesen. Doch was bedeutet das Wort Motivation, welche Faktoren wirken darauf ein? Und wie hängen Emotionen damit zusammen?

Bisher waren es meist die intellektuellen Aspekte, die in Unternehmen eine Rolle spielten. Emotionen galten bestenfalls als vernachlässigbares Beiwerk. In den USA und in Japan hat man schon vor Jahren erkannt, dass Humor und Lachen bei der Arbeit sich positiv auf Unternehmen auswirken können. In letzter Zeit kommt diese Strategie auch langsam in deutschen Unternehmen an. Humor und Lachen im Unternehmen gelten als Erfolgsstrategie um Konflikte und brenzlige Situationen im Arbeitsalltag zu meistern und zu entschärfen.

Besonders in Krisensituationen in Unternehmen gleichen die Emotionen der Mitarbeiter einer Achterbahnfahrt. Sowohl gegenüber der Arbeitstätigkeit und der persönlichen Situation als auch dem Unternehmen, dem sozialen Umfeld und der Führung entstehen während einer Veränderung sehr unterschiedliche, positive wie auch negative Gefühle bei den Mitarbeitern. Ein unsensibler Umgang in Krisensituationen führt zu schlecht gelaunten, demotivierten, kranken Mitarbeitern und / oder (innerer) Kündigung.

Die Umsetzung der Unternehmenspolitik obliegt in erster Linie den Führungskräften innerhalb und außerhalb der Einrichtungen (Geschäftsführung, Regionalleiter, Einrichtungs- und Pflegedienstleitungen). Besonders in Krisensituationen schein Humor nicht angebracht. Doch kann sich ein ernster und doch humorvoller Umgang mit diesen Situationen auf die Emotionen der Mitarbeiter positiv auswirken? Kann Humor ein Mittel der Wahl sein um Mitarbeiter (nicht nur) in Krisensituationen zu motivieren und (inneren) Kündigungen entgegenzuwirken?

Basierend auf einer Literaturrecherche wird zunächst auf den Begriff Motivation eingegangen und einige Motivationstheorien näher beleuchtet. Nachdem der Zusammenhang von Motivation und Emotion erläutert wurde, werden verschiedene Führungsstile und deren Auswirkung auf die Motivation und Emotionen von Mitarbeitern betrachtet. Anschließend wird die Wechselwirkung von Emotion und Humor beleuchtet, bevor auf die Auswirkung von Humor auf die Motivation und die Wirkung in Unternehmen, Teams und im Konfliktmanagement eingegangen wird.

2 Die Situation in der Alten- und Krankenpflege

Aufgrund der demographischen Entwicklung (wachsende Zahl alter und hochbetagter Menschen) wird die Zahl der Pflegebedürftigen in Zukunft steigen. Unter Berücksichtigung der privat versicherten Pflegebedürftigen ergibt sich für das Jahr 2015 eine Gesamtzahl von 2,83 Mio. Pflegebedürftigen. Schätzungen gehen davon aus, dass sich die Gesamtzahl aller Pflegebedürftigen in Deutschland bis 2030 auf 3,5 Mio. und bis 2050 auf 4,5 Mio. erhöhen wird (Bundesgesundheitsministerium 2016: 18). Verschiedene Studien gehen von unterschiedlichen Zukunftsperspektiven aus. Je nach Szenario soll der Bedarf an Pflegekräften bis zum Jahr 2025 bei 135.000 bis 214.000 zusätzlichen Pflegekräften liegen (Bundesgesundheitsministerium 2016: 24). Der wachsende Mangel an Pflegekräften führt für die meisten Beschäftigten im Pflegebereich zu enormen Überstunden, die häufig nicht zeitnah abgebaut werden können. Pausenzeiten können im Laufe des Arbeitstages häufig nicht ganz oder gar nicht genommen werden. Dazu führt der Mangel an Arbeitskräften auch zu Mängeln in der Versorgung der zu Pflegenden. Im Pflegethermometer 2009 wird festgestellt, dass *„jeweils etwa vier von fünf Pflegekräften (...) Mängel in den letzten sieben Tagen nicht ausschließen können."* (Isfort, M.; Weidner, F. et al. 2010: 9). Diese Bedingungen führen zu einem hohen Krankenstand sowie einer hohen Fluktuationsrate aus dem Gesundheitsberuf. Die Unzufriedenheit seitens der Pflegenden wie auch der zu Pflegenden wächst. Dem entgegenzuwirken und ein gutes Betriebsklima zu schaffen, Pflegekräfte zu finden und nach Möglichkeit langfristig zu binden ist Ziel der Unternehmen. Domnowski fasst die Dauerbelastung vieler Mitarbeiter in „Helferberufen" zusammen mit *„Zeitdruck, vielen Terminen, Hetze, Entscheidungsdruck und der Notwendigkeit, sich schnell auf ständig wechselnde Erwartungen und Ansprüche ... einzustellen."* (Domnowski 2010: 35-36). Zudem führt er Belastungen im privaten und institutionellen Umfeld sowie im Team auf, welche sich auf die Motivation und die physische und psychische Gesundheit des Mitarbeiters auswirken.

3 Motivation

Der Begriff „Motivation" stammt vom lateinischen „movere" (bewegen) ab und heißt übersetzt „in Bewegung setzen". Die Bedeutung des Begriffs ist allerdings vielfältiger und komplexer. Enkelmann bezeichnen Motivation als „... *die Fähigkeit, Leistungsreserven zu mobilisieren.*" (Enkelmann 2011: 13). McClelland (1987) definiert ein Motiv als „... *das, was Menschen besonders bewegt und daher unmittelbar ihre Wahrnehmung und mittelbar ihr Verhalten selektiert, orientiert und energetisiert.*" (zitiert aus Brandstätter / Otto 2009: 29). Motivation wird als Konzept häufig zur Handlungserklärung herangezogen. Sie beschreibt einen Prozess, der durch die Anregung eines Motivs ausgelöst und als Handlungserklärung für die Entscheidung zur Durchführung oder zum Unterlassen einer Handlung herangezogen wird. Je wahrscheinlicher die Zielerreichung erscheint und je wichtiger das Ziel ist, umso mehr wird man motiviert sein. Rudolph weist an dieser Stelle auf das willkürlich gewählte Handeln hin. Handeln setzt eine willkürliche Entscheidung für ein bestimmtes Verhalten aus einer Vielzahl von Alternativen voraus. Das gewählte Verhalten und das damit verbundene Ziel können zu verschiedenen Zeitpunkten begonnen und im Verlauf mit unterschiedlicher Intensität und Energie verfolgt werden (Rudolph 2003: 5-6). Die Beendigung dieser Handlung sollte das Erreichen des vorab gestellten Zieles sein, kann aber durch das Individuum frühzeitig abgebrochen werden. Beeinflusst wird die Motivation durch das Streben nach Gleichgewicht, durch kognitive Prozesse, subjektive Wahrnehmung, Emotionen und Persönlichkeitsmerkmale (Abb.1).

Abbildung 1: Einflussfaktoren auf die Motivation

(Quelle: eigene, in Anlehnung an Comelli / von Rosenstiel 2009: 6)

3.1 Motivationstheorien

Eine Vielzahl unterschiedlicher Blickwinkel und Untersuchungsmethoden begründet eine große Zahl unterschiedlicher Motivationstheorien. Epikur, einer der
frühesten und heute noch bekannten „Motivationstheoretiker", stellte Überlegungen zu Gründen und Ursachen motivierten Verhaltens an. Er begründete den psy-
chologischen Hedonismus. Dieser besteht in der Annahme, dass all unsere Handlungen dazu dienen, uns Vergnügen oder Freude zu bereiten und Schmerz zu
vermeiden (Rudolph 2003: 2). Zentrale Punkte unseres Verhaltens sind demnach
positive und negative Zustände, da sie als Erwartung der Konsequenzen unseres
Handelns dieses steuern. Die Essenz dieses Gedankens ist demnach: die Motivation unseres Verhaltens besteht im Aufsuchen von positiven Emotionen und dem
Vermeiden von negativen Zuständen (Hunger, Schmerz etc.).

Die kognitive Grundlage motivierten Handelns scheint unbestritten, da häufig
Vor- und Nachteile des eigenen Handelns abgewogen werden und das Handeln
entsprechend ausgerichtet wird. Diese behavioristischen Ansätze werden erfolgreich in der Therapie psychischer Störungen eingesetzt.

Ein weiterer Aspekt im Betrachten der kognitiven Prozesse ist das Bewusstsein.
Während die behavioristischen Theorien das Bewusstsein außer Acht lassen, nei-

gen die meisten anderen Motivationstheorien zu der Annahme, dass wir uns der Konsequenzen des eigenen Handelns bewusst sind und dass dieses Wissen unser Verhalten maßgeblich beeinflusst.

Eine zentrale Frage der Motivationspsychologie ist die Frage nach der Bedeutung von menschlichen Emotionen in motiviertem Verhalten. Rudolph beschreibt den gegenwärtigen Stand der Forschung zum Thema Trennung von Motivations- und Emotionspsychologie als künstlich und wenig hilfreich. *„Viele Phänomene der Motivation sind ohne emotionale Vermittlung nicht denkbar. Und umgekehrt sind viele Emotionen nicht losgelöst von motivierenden Funktionen für unser Verhalten und Handeln zu betrachten (...)"* (Rudolph 2003: 10).

3.1.1 Bedürfnispyramide nach Maslow

Eine der bekanntesten Motivationstheorien ist die Bedürfnispyramide nach Maslow (Abb.2). Er bildet fünf verschiedene Bedürfnisklassen, die in einer klaren Hierarchie aufeinander aufbauen und die Aktivierung höherer Bedürfnisse davon abhängt, ob rangniedrigere Bedürfnisse ausreichend befriedigt sind. Die Pyramide stellt die Grundbedürfnisse der Menschen hinsichtlich ihrer Prioritäten dar. Ist die jeweils untere Stufe befriedigt, wird versucht als nächstes die Bedürfnisse der nächsthöheren Kategorie zu befriedigen. Der Mensch ist demnach niemals wirklich „wunschlos glücklich". Diese Pyramide ist jedoch nicht als starres System zu verstehen. Die Übergänge von einer Kategorie in die nächste sind fließend, das System gleicht eher einem dynamischen Modell. Laufer weist darauf hin, dass Handlungsantriebe auch von moralischen und / oder ethischen Grundsätzen überlagert sein können und somit nicht nur auf die aktuelle Bedürfnislage zurückgreifen. In Bezug auf die Arbeitsmotivation kann somit der Rückschluss erfolgen, dass Mitarbeiter, deren Arbeitsplatz sicher ist und die einen guten Verdienst haben motiviert sind, ihren Status zu steigern. Mitarbeiter mit unsicherer Arbeitsplatzsituation, z.B. durch befristete Verträge oder Insolvenz des Unternehmens, können weniger motiviert sein, gute Arbeit zu leisten und arbeiten gedanklich unter Umständen an der inneren Kündigung.

Abbildung 2: Bedürfnispyramide nach Maslow

(Quelle: eigene)

3.1.2 Die ERG-Theorie

Clayton Alderfer revidierte die Bedürfnispyramide von Maslow und begründete die ERG-Theorie. Er fasste drei Gruppen von Kernbedürfnissen zusammen. Unter den Existenzbedürfnissen (*existence*) fasst er die grundlegenden, die materielle Existenz sichernden Bedürfnisse zusammen. Diese entsprechen den untersten zwei Ebenen der Maslow'schen Bedürfnispyramide. Darüber stehen die Beziehungsbedürfnisse (*relatedness*), welche die zwischenmenschliche Interaktion betreffen. Liebe, Zuneigung, Macht und Einfluss gehören in diese Gruppe. Wachstumsbedürfnisse (*growth*) umfassen alle Bedürfnisse zur persönlichen Entwicklung und Entfaltung. Diese Stufe ist gleichzusetzen mit der Stufe der Selbstverwirklichung nach Maslow. Im Gegensatz zu Maslow stellt Alderfer die Bedürfnisse nicht in eine klare Hierarchie. Er betont im Gegenteil, dass mehrere Stufen der Bedürfnisse gleichzeitig aktiv sein können und die Wertigkeit durch kulturelle Unterschiede in unterschiedlicher Stärke zum Tragen kommen kann (Kirchler, Walenta, 2010: 21ff.)

3.1.3 Die Theorie der Leistungsmotivation

John Atkinson begründete auf der Basis von Hull und Levin seine Theorie der Leistungsmotivation. Zudem wird er von Millers Konfliktmodell beeinflusst. Weiner bezeichnet diesen Ansatz als „... *resultierende Tendenz eines emotionalen Konflikts zwischen der Hoffnung auf Erfolg und der Furcht vor Misserfolg ...*" (Weiner 1994: 152). „*Leistungsmotivation wird als Bestreben definiert, die eigene Tüchtigkeit in all jenen Tätigkeitsbereichen zu steigern oder möglichst hoch zu halten, in denen ein Gütemaßstab für verbindlich gehalten wird und deren Ausführung gelingen oder misslingen kann.*" (Rosenstiel, 2007; zitiert aus Kirchler, Walenta 2010: 24). Die wesentlichen Motivinhalte der Leistungsmotivation sind Hoffnung auf Erfolg und Furcht vor Misserfolg. Nach McClelland zeichnen sich Personen mit hoher Leistungsmotivation durch hohe, aber erreichbare Zielsetzung und dem Bedürfnis nach Feedback zur Arbeitsleistung aus. Diese sind ihnen wichtiger als Belohnung des Erfolges und Beliebtheit. Elementare Faktoren in der Theorie der Leistungsmotivation sind das Leistungsmotiv, die Erfolgswahrscheinlichkeit und der Anreiz des Erfolgs. Das Leistungsmotiv wird von Atkinson definiert das Leistungsmotiv als eine „*Fähigkeit zum Erleben von Stolz über erbrachte Leistungen.*" (Atkinson 1964, zitiert aus Weiner 1994: 153). Weiner zieht daraus die Schlussfolgerung, dass es sich beim Leistungsmotiv um eine emotionale Disposition handelt. Die Erfolgswahrscheinlichkeit beruht auf einer kognitiven Zielerwartung, es wird angenommen, dass eine instrumentelle Handlung zum Ziel führen wird. In verschiedenen Untersuchungen wird erforscht, welche Faktoren diese Zielerwartung beeinflussen (Informationen zur Schwierigkeit der Aufgabe, Manipulation der tatsächlichen Schwierigkeit der Aufgabe). Die letzte Determinante in der Leistungsmotivation ist der Anreiz des Erfolgs. Hier wird angenommen, dass eine schwierige Aufgabe bei der Lösung zu einem intensiveren Gefühl von Stolz führt als das Lösen einer einfachen Aufgabe.

Praktische Anwendung findet die Theorie der Leistungsmotivation beispielsweise in Mitarbeiterpartizipationsprogrammen (Qualitätszirkel, Aktienbeteiligungen etc.) und in der Arbeitsgestaltung (Job Enlargement, Job Rotation, Job Enrichment etc.).

3.1.4 Das Rubikon-Modell

Heckhausen (1989) formulierte das derzeit kompletteste Modell zur Motivation, welches als Rubikon-Modell bezeichnet wird (vgl. Abb. 3). Dieses Modell versucht zu erklären, wie Ziele ausgewählt, die Realisierung geplant, die Pläne durchgeführt und die Ergebnisse bewertet werden. In diesem Modell wird zwischen vier Phasen unterschieden: In der prädezisionalen Phase wird eine Auswahl der zu erfüllenden Wünsche und / oder Motive getroffen. Dies geschieht auf Basis der Abwägung des maximalen Nutzens. Anschließend erfolgt die Auswahl der Handlungsalternative.

Die präaktionale Phase (auch postdezisionale Phase genannt) ist durch die Zielsetzung gekennzeichnet. Die Umsetzung der Zielrealisierung wird je nach Günstigkeit der Situation abgewogen und nicht immer unverzüglich realisiert. Die aktionale Phase bezeichnet das Handeln zum Erreichen der gewünschten Ziele während die postaktionale Phase durch die Bewertung charakterisiert wird. Jeder Phase des Handlungsverlaufs wird eine Bewusstseinslage (mind-set) zugeordnet. Dieses Konzept der Bewusstseinslage meint implizit auftretende kognitive Orientierungen, die durch das Involviertsein mit der jeweils phasentypischen Aufgabe entsteht. In der prädezisionalen Phase tritt die abwägende Bewusstseinslage ein. Beim Planen konkreter Vorgehensweisen in der präaktionalen Phase tritt die planende Bewusstseinslage ein. Mehrere Studien belegen, dass die abwägende und planende Bewusstseinslage zu unterschiedlichen Ergebnissen führen (Brandstätter / Otto 2009: 153). Achtzinger / Gollwitzer weisen auf verschiedene Studien hin, die belegen, dass Menschen in einer planenden Bewusstseinslage optimistischer bewerten als Menschen in einer abwägenden Bewusstseinslage. In der planenden Bewusstseinslage kommt es häufiger zu deutlichen Überschätzungen der eigenen Fähigkeiten (Intelligenz, Fertigkeiten), während eine abwägende Bewusstseinslage eher zur realistischen Einschätzungen führt (Brandstätter / Otto 2009: 155).

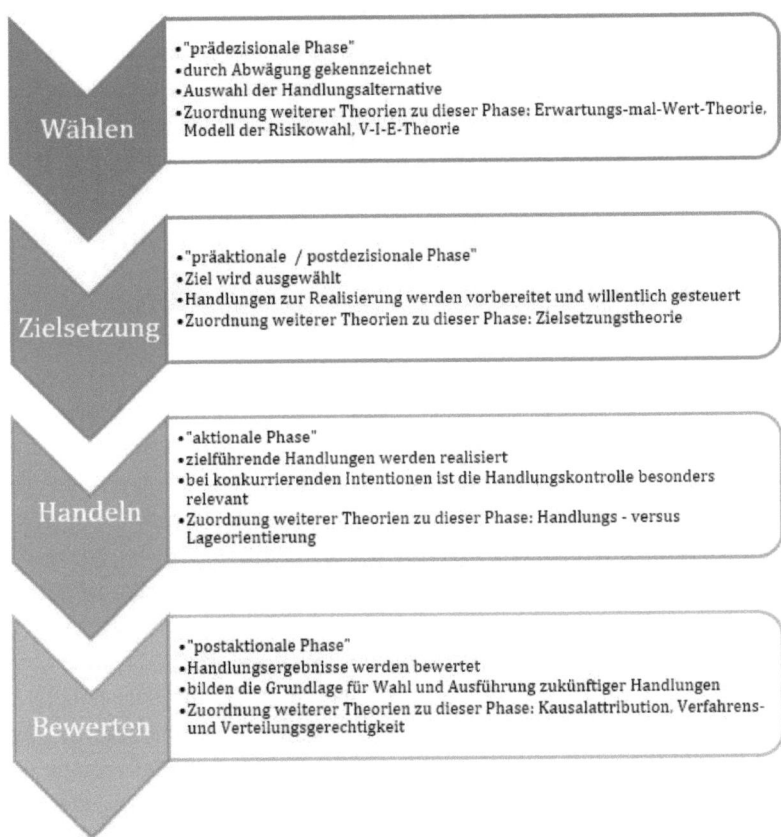

Abbildung 3: Handlungsphasen im Rubikon-Modell und relevante Theorien

(Quelle: eigene)

3.1.5 Erwartungs-mal-Wert-Theorien

Die Erwartungs-mal-Wert-Theorien basieren auf Lewins Feldtheorie, die Atkinson unter den Gesichtspunkten der Erwartung von Erfolg oder Misserfolg zu einer Leistungsmotivationstheorie weiterentwickelt hat. Grundlage der Theorie ist die Annahme, dass eine Person jene Handlungsalternative auswählt, von der sie den größten Nutzen erwartet. Zumeist werden jene Handlungsziele angepeilt, die sicher erreichbar sind. Sehr hochgesteckte Ziele, bei denen das Erreichen des Ziels als wenig wahrscheinlich eingeschätzt wird, werden daher meist nicht in Angriff genommen und es wird auf Ziele zurückgegriffen, deren Erreichbarkeit sicher scheint und die ein zumindest befriedigendes Ergebnis erwarten lassen. Das Modell der Risikowahl dagegen geht davon aus, dass maximales Risiko beim Erreichen eines Ziels mit maximalem Stolz bei Erfolg verknüpft ist. In der Herangehensweise an die Auswahl der Aufgaben unterscheiden sich die Personen. *„Während Personen mit Hoffnung auf Erfolg den Erfolg aktiv suchen, streben Mitarbeiter mit Furcht von Misserfolg in erster Linie danach, Misserfolge zu vermeiden."* (Kirchler, Walenta 2010: 46).

3.1.6 Die Theorie der Zielsetzung

Die Theorie der Zielsetzung nach Locke und Latham beschäftigt sich mit der Intensität der Handlungsrealisierung basierend auf der Annahme, dass Ziele motivierend wirken. Insbesondere wird in verschiedenen Untersuchungen belegt, dass es einen Bezug zur Anstrengung, zum Ehrgeiz und auf die Ausdauer der Zielerreichung gibt. Dabei führen spezifische und herausfordernde Ziele zu höherer Anstrengung. Dabei unterscheiden Locke und Latham zwischen der Ziel-Schwierigkeit und der Aufgabenschwierigkeit. Sie postulieren einen linearen Zusammenhang zwischen Zielschwierigkeit und Leistung, wobei zu beachten ist, dass dieser Zusammenhang nur greift, wenn die Zielerreichung realistisch ist. Die Zielbindung lässt nach, wenn die Erreichbarkeit von Zielen unmöglich erscheint (Kirchler, Walenta 2010: 62 ff.). Sevincer / Oettingen gehen davon aus, dass Personen, die sich verbindliche Ziele gesetzt haben, vergleichsweise höhere Anstrengungsbereitschaft, höhere Leistungen und mehr Wohlbefinden aufweisen (Sevincer / Oettingen: In Brandstätter / Otto 2009: 37). Zielformulierung, Zielstruktur, Zielinhalt und die Zielrealisierung sind wesentliche Aspekte zum Erfolg der Zielerreichung. Verschiedene Ziele können Zielhierarchien bilden, die kurz- und langfristige Ziele aufweisen, die sich gegenseitig beeinflussen können.

„Je klarer die Vorstellungen der Mitarbeiter vom Arbeitsziel sind, desto größer ist die Chance, es zu erreichen, und umso erkennbarer wird für sie der Arbeitserfolg." (Laufer 2013: 117). Die Formulierung der Arbeitsziele sollte nachdrücklich, folgerichtig, motivierend, unmissverständlich, positiv und kontrollierbar sein. Laufer stellt den Vorgang der Zielerreichung schematisch dar (Abb.4):

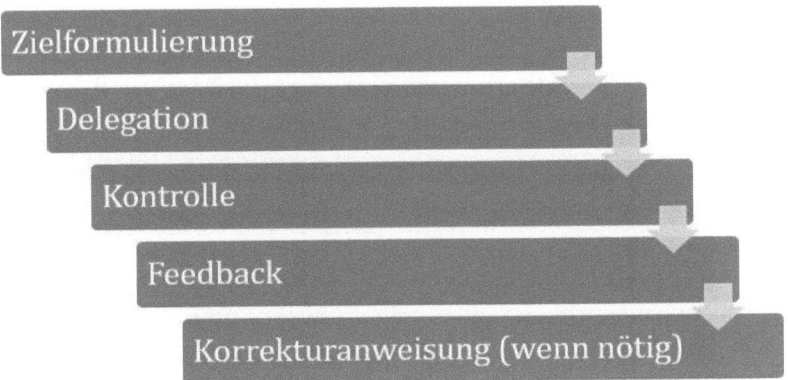

Abbildung 4: Zielbewusste Mitarbeiterführung

(Quelle: Laufer 2013: 110)

Zielvereinbarungen dienen der Beteiligung des Mitarbeiters in den Überlegungen zur Zielerreichung. Der Mitarbeiter wird über das Ziel seiner Aufgabe informiert, was zu einer höheren Akzeptanz führt. Diese Zielvorgaben müssen nicht ausschließlich ökonomisch sein, sondern können auch Verhaltensweisen zum Inhalt haben. Diese lassen sich jedoch nicht immer so präzise formulieren und messen, stehen daher in der Akzeptanz niederrangiger. Ein wichtiger Faktor in der Arbeit mir Zielvereinbarungen ist das Feedback. Feedback-Gespräche sollten regelmäßiger Bestandteil der Kommunikation sein um den Mitarbeiter in seiner Arbeit zu loben oder konstruktiv zu kritisieren. Positive Rückmeldung kann den Glauben an die Selbstwirksamkeit verstärken und die Motivation fördern.

3.2 Bewusste und unbewusste Motivation

In der Forschung gab es lange Zeit eine Diskussion darüber, ob menschliches Verhalten sich im Bewusstsein abspielt oder ob Prozesse außerhalb der Wahrnehmung involviert sind. David McClelland, ein Pionier der modernen Motivationsforschung, der ebenso wie Freud davon ausgeht, dass sich motivationale Prozesse außerhalb der bewussten Wahrnehmung abspielen, legte mit seinen Mitarbeitern die Diskussion bei mit der Hypothese, dass menschliches Verhalten durch zwei voneinander unabhängigen Motivationssystemen reguliert wird. Hieraus entstand die Unterscheidung zwischen impliziten und expliziten Motiven. Implizite Motive werden ohne notwendige Beteiligung des Bewusstseins reguliert. Implizite Motive können durch das von McClelland erschaffene TAT-Verfahren oder das Multi-Motiv-Gitter erhoben werden. Explizite Motive dagegen werden bewusst gesteuert und können mittels Fragebogen erhoben werden (Abb.5). Schäffer fasst zusammen, dass explizite und implizite Motive unabhängige Konstrukte sind, die unterschiedliche Verhaltensbereiche vorhersagen und bei der Handlungssteuerung zusammenwirken (Brandstätter / Otto 2009: 33).

Vergleich zwischen Verstand (explizit) und Gefühl (implizit)	
Intuitive Verarbeitung (implizit)	**Analytische Verarbeitung (explizit)**
Ganzheitlich	Sequenziell (Schritt für Schritt)
Automatisch, anstrengungslos	Intentional, anstrengend
Affektiv: Lust-Unlust-betont	Logisch: an Ursachen orientiert
Assoziationistische Verbindungen	Logische Verbindungen
Enkodiert Realität in Bildern	Enkodiert Realität in abstrakten Symbolen
Rasche Verarbeitung: an sofortiger Aktion orientiert	Langsamere Verarbeitung: an verzögerter Aktion orientiert
Kontext-spezifische Verarbeitung	Kontext-übergreifende Verarbeitung
Erfahrung ist passiv und unbewusst	Erfahrung ist aktiv, bewusst und kontrolliert
Glauben	Beweisen

Abbildung 5: Merkmale der intuitiven und der analytisch-rationalen Informationsverarbeitung gegenübergestellt

(Quelle: Brandstätter / Otto 2009: 34 (nach Epstein et al. 1996))

Das implizite Leistungsmotiv unterstützt leistungsthematische Tätigkeiten, indem es Verhalten ausrichtet, energetisiert und selektiert. Diese Motive sind sehr verhaltensnah, sie haben wenig Einfluss auf bewusste Einstellung (Schmalt, Langens 2009: 102 f.). Personen mit einem starken impliziten Leistungsmotiv suchen vorwiegend Aufgaben, deren Erfolg oder Misserfolg sehr stark vom eigenen Können abhängt und bei denen ein kontinuierliches Feedback gegeben ist. Personen mit einem expliziten Leistungsmotiv sind darauf ausgerichtet, ein positives Selbstkonzept möglichst zu erhalten. Die expliziten Leistungsmotive sind weniger verhaltensnah, das abschließende Ergebnis der zu lösenden Aufgabe steht im Vordergrund.

Obwohl beide Motive im Zentrum voneinander unabhängiger Motivationssysteme stehen, können sie miteinander interagieren. Schmalt / Langens verweisen auf eine gut belegte Hypothese, dass explizite Motive den Ausdruck impliziter Motive kanalisieren (Schmalt, Langens 2009: 108).

3.3 Fazit

Motivation ist ein Prozess, der durch ein entsprechendes Motiv ausgelöst wird als Handlungserklärung für Handlungen oder Unterlassungen dient. Motivation wird durch implizite und explizite Faktoren gesteuert. Die Vielfalt an Motivationstheorien zeigt die unterschiedlichsten Herangehensweisen an das Thema auf. Während Maslow auf die Erfüllung hierarchischer Bedürfnisse verweist, während das Rubikon-Modell das derzeit umfangreichste Modell, welches versucht den gesamten Handlungsablauf von der Auswahl des Zieles über die Planung und Durchführung der erforderlichen Aktionen bis hin zur Bewertung des Ergebnisses den gesamten Prozess abzubilden.

Ein weiteres Unterscheidungsmerkmal der Motivationstheorien besteht im Aspekt der individuellen Persönlichkeitsmerkmale. So weist beispielsweise die Theorie der Leistungsmotivation darauf hin, dass sich Personen in Bezug auf Leistungen dahingehend unterscheiden, inwieweit sie leistungsbezogene Situationen suchen oder meiden (z.B. Stolz auf erbrachte Leistungen vs. Scham vor Misserfolg).

4 Motivation und Emotion

Das Wort Emotion bezeichnet eine seelische Erregung, ein Gefühlszustand. Es ist abgeleitet vom lateinischen Wort *emovere*, welches so viel bedeutet wie erregen, in Bewegung setzen. Emotionen sind psychophysiologische Phänomene, die durch eine bewusste oder unbewusste Wahrnehmung eines Ereignisses oder einer Situation ausgelöst werden. Emotionen sind affektiv (teilweise Verlust der Handlungskontrolle) und im Vergleich zu Stimmungen kurzlebiger und intensiver.

Robert Plutchnik (1927 – 2006), ein amerikanischer Psychologe, forschte zu den Themen Gewalt, Suizid, Emotionen und Psychotherapie. Er nimmt in seiner Emotionstheorie an, dass Emotionen eine genetische Grundlage haben und die Anpassung von Verhalten steuern. Er benennt acht Basisemotionen und fasste sie in einem dreidimensionalen Modell zusammen. Die acht Emotionen lassen sich auf einem Kegel anordnen und sind aufgrund ihrer Intensität abstufbar. Zur Spitze hin sind die Emotionen nicht mehr so intensiv und sind deswegen auch nicht mehr so gut unterscheidbar.

Brandstätter / Otto weisen darauf hin, dass „*Ohne Motivation keine Emotion und ohne Emotion keine Motivation*" (Brandstätter / Otto 2009: 13). Beide energetisieren und steuern das Verhalten. Dazu kommt, dass beide eine Signalfunktion haben, die das Anpassen an vorhandene Situationen begleiten, z.B. Freude, wenn eine Aufgabe richtig erledigt wurde oder Enttäuschung, wenn sie falsch bearbeitet wurde. Frijda (1986) stellt den Handlungsaspekt in den Mittelpunkt der Emotionspsychologie „*Der Kern einer Emotion sind Handlungsbereitschaft (readiness to act) und das Nahelegen (prompting) von Handlungsplänen; eine Emotion gib einer oder wenigen Handlungen Vorrang, denen sie Dringlichkeit verleiht. So kann sie andere mentale Prozesse oder Handlungen unterbinden oder mit ihnen konkurrieren.*" (zitiert aus Brandstätter / Otto 2009: 13-14).

Rothermund / Eder dagegen haben ein Komponentenmodell der Emotion veröffentlicht (Abb. 6). Dieses Modell dient der Abgrenzung der Emotionen von anderen psychischen Zuständen, z.B. Kognitionen. Die Emotion wird als ein multidimensionales Konstrukt gesehen, welches Reaktionen auf verschiedenen Ebenen umfasst: die Erlebenkomponente, die kognitive Komponente, die physiologische Komponente, die Ausdruckskomponente sowie die motivationale Komponente. Die Erlebenkomponente wird von einigen Wissenschaftlern als unwissenschaftlich eingestuft, da Erkenntnisse dieser Komponente in erster Linie aus subjektiven Berichten gewonnen werden können (z.B. LeDoux), andere Forscher versuchen diese Komponente mittels statistischer Verfahren zu erfassen. Die kognitive Komponente ist geprägt von Bewertungen und Werturteilen. Die Emotion hängt davon ab ob ein Ereignis positiv (im Sinne von gut, angenehm) oder negativ (schlecht, unangenehm) bewertet. Clore & Ortony (2000) weisen darauf hin, dass das emotionale Erleben oftmals von mehreren kognitiven Vorgängen beeinflusst wird, die der Person jedoch nicht zwingend bewusst sein müssen (Rothermund, Eder 2011: 170). Die physiologische Komponente erklärt sich durch die Akitvie-rung des zentralen Nervensystems als emotionsgesteuerte Anpassung an Ereig-nisse. Um Reaktionsprofile von Emotionen nachweisen zu können gab es viele Studien. Diese ergaben jedoch, dass sich lediglich positive und negative Emotio-nen zuverlässig unterscheiden lassen. „Eine Emotionsspezifität physiologischer Reaktionen wird somit vom gegenwärtigen Forschungsstand nicht gestützt." (Rothermund, Eder 2011: 171). Auch das derzeit viel diskutierte Konzept des limbischen Systems hat sich als wenig brauchbar herausgestellt. Die Ausdrucks-komponente des Modells bezieht sich auf Mimik und Stimme. Galati Miceli & Sini (2001) gehen davon aus, dass es eine angeborene Basis von emotionsspezifischen Gesichtsausdrücken gibt. (Rothermund, Eder 2011: 172). „Der mimische Aus-druck einer Person wird jedoch sehr stark vom sozialen Kontext und von sozialen Darstellungsregeln beeinflusst, weshalb ein direkter Schluss vom Ausdruck einer Person auf ihre Befindlichkeit nicht zulässt." (Fridlund & Russell, 2006, zitiert aus Rothermund, Eder 2011: 172). Als motivationale Komponente werden Emotionen als bewährte Verhaltensstrategien im Umgang mit wiederkehrenden Herausfor-derungen gesehen. Als Verhaltensstrategie beziehen sich Emotionen jedoch nicht auf konkretes Verhalten, sondern vielmehr auf abstrakte Verhaltensfunktionen.

Komponentenmodell

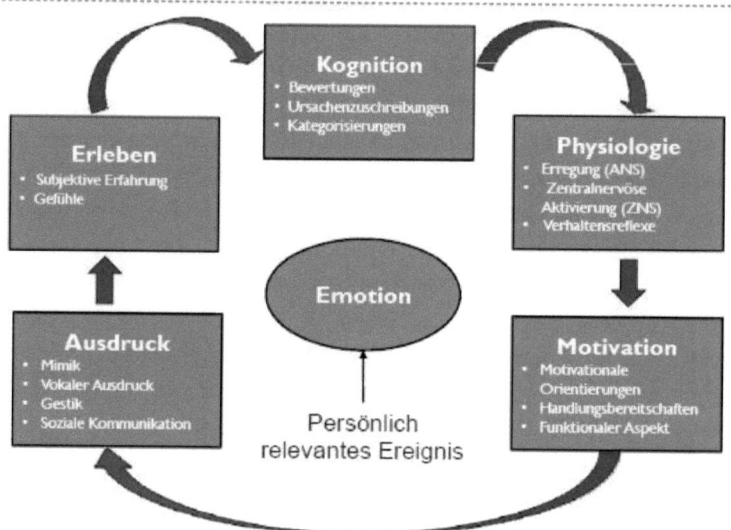

Abbildung 6: Das Komponentenmodell der Emotion

(Quelle: Rothermund, Eder 2011: 168)

„Hinter dem Komponentenmodell der Emotion steckt die Annahme, dass Emotionen spezielle Reaktionsprofile aufweisen. (...) Diese Annahme einer Reaktionskohärenz lässt erwarten, dass die verschiedenen Reaktionskomponenten emotionaler Reaktionen auf den verschiedenen Ebenen statistisch zusammenhängen (...)" (Rothermund, Eder 2011: 175). Dieser Zusammenhang konnte in der Forschung bisher nicht nachgewiesen werden und ist daher fraglich. Aus der Summe der Komponenten ergeben sich drei Funktionen für Emotionen: handlungsleitend, informativ und sozial-kommunikativ. Aus diesem Grund sind ist Wissen über Emotionen bei Führungskräften durchaus wünschenswert um Mitarbeiter zu finden und bestenfalls eine emotionale Bindung zum Arbeitsplatz zu forcieren. *„Geht es darum, deutliche Zeichen zu setzen oder Grenzen aufzuzeigen, ist vielfach argumentieren zwecklos. Dann sind oft Emotionen notwendig, um die Gesprächspartner aufzurütteln und der Angelegenheit das entsprechende Gewicht zu geben. (...) Gefühl und Verstand sind aufeinander angewiesen. Wer nur seinem Verstand folgt, ist ebenso sozial unverträglich wie der, der nur seinen Gefühlen folgt."* (Blochberger 2010: 8f).

Dann Hill entwickelte dazu sein Modell der „Emotionomics", welches durch den gezielten Einsatz von Empathie und Emotionen in Marktentwicklung, Produktdesign, etc. aber auch in Unternehmenskultur und Mitarbeiterführung zu besseren Entscheidung und besserer Kommunikation führen sollen.

5 Humor und Lachen

Der Begriff des Humors hat sich in den letzten Jahrhunderten einer starken Wandlung unterzogen. So stand das Wort „Humores" zunächst für die Säftelehre, die den Temperamenten (Sanguiniker, Choleriker, Phlegmatiker, Melancholiker) eine unterschiedliche Mischung der Körpersäfte unterstellt. Seit dem 18. Jahrhundert wird mit Humor eine menschliche Grundhaltung in Verbindung gebracht, unabhängig von den Körpersäften.

Im Duden wird das Wort Humor derzeit definiert als „*Fähigkeit und Bereitschaft, auf bestimmte Dinge heiter und gelassen zu* reagieren". (https://www.duden.de /rechtschreibung/Humor_Stimmung_Frohsinn). Dabei ist der Humor des Einzelnen von vielen Faktoren, wie individuelle Lebenserfahrung, Alter und Kultur geprägt. Peter L. Berger bezeichnet den Sinn für Humor als die Fähigkeit, das Komische wahrzunehmen. Somit ist Humor vor allem eine Geisteshaltung. Aber Humor hat viele Facetten, positive wie auch negative. So kann Humor aggressiv und boshaft wirken, wenn über ein Gegenüber gelacht wird, z.B. in Form des Auslachens, des „sich Erhebens" über den anderen. Siegel unterscheidet in ihrer Arbeit die soziale, kommunikative, psychologische und physiologische Funktion des Humors.

Mit Humor wird eine Vielfalt von Begriffen assoziiert, beispielsweise Scherz, Sarkasmus, Ironie, (Situations)Komik, Spaß, Witz, Zynismus etc. Unter den verschiedenen Autoren zum Thema wird diskutiert, ob Humor ein Persönlichkeitsmerkmal ist. So schreibt Freud: „*Übrigens sind nicht alle Menschen der humoristischen Einstellung fähig, es ist eine köstliche und seltene Begabung, und vielen fehlt selbst die Fähigkeit, die ihnen vermittelte humoristische Lust zu genießen.*" (Freud 2012: 258). Demnach ist Humor eine Einstellung. In den Sozialwissenschaften bezeichnet man Einstellungen als bestimmte Reaktion, die dadurch zum Ausdruck kommt, dass man ein bestimmtes Objekt mit einem gewissen Grad an Zuneigung oder Ablehnung bewertet." Durch Einstellungen werden wertenden Urteile gegenüber einem Reiz zum Ausdruck gebracht.

Berger betont analog zu Freud die wichtigste Unterscheidung „*... zwischen einer Eigenschaft bestimmter Teile der Lebenswirklichkeit und einer Fähigkeit, diese Eigenschaft wahrzunehmen.*" (Berger 1998: 4). Höfner / Schachtner weisen darauf hin, dass Menschen keineswegs humorvoll oder humorlos auf die Welt kommen, sondern dass Humor erlernt werden kann und dieses Relativieren auf Einsicht, Toleranz und Reife fußt (Höfner / Schachtner 2010: 55).

Sigmund Freud legte mit seiner Arbeit „Der Witz und seine Beziehung zum Un-bewußten" (1905) den Grundstein für die Humorforschung. Humor zeigt sich in vielfältiger Weise, als Komik, Ironie, Zynismus, Sarkasmus, Witz oder im Lachen und Lächeln. Humor ist nicht gleichzusetzen mit brüllendem Gelächter, er kann auch leise oder schmerzhaft daherkommen. Ironie, Zynismus und Sarkasmus können auf das Gegenüber verletzend und erniedrigend wirken. Hirsch fasste den Humorprozess in fünf Stufen zusammen (Abb. 7).

Im Gegensatz zu Trauer und Schmerz ist der Humor der Menschen differenzierter. Viele Menschen zeigen sich über die gleichen Dinge betroffen, aber nur wenige haben ein gleiches Humorverständnis. Jedoch ist Humor auch stark kulturell ge-prägt. Im kulturellen Vergleich allerdings zeigt sich, dass in Bezug auf Kulturen die Gemeinsamkeiten des Humors stärker ausgeprägt sind als seine Unterschiede.

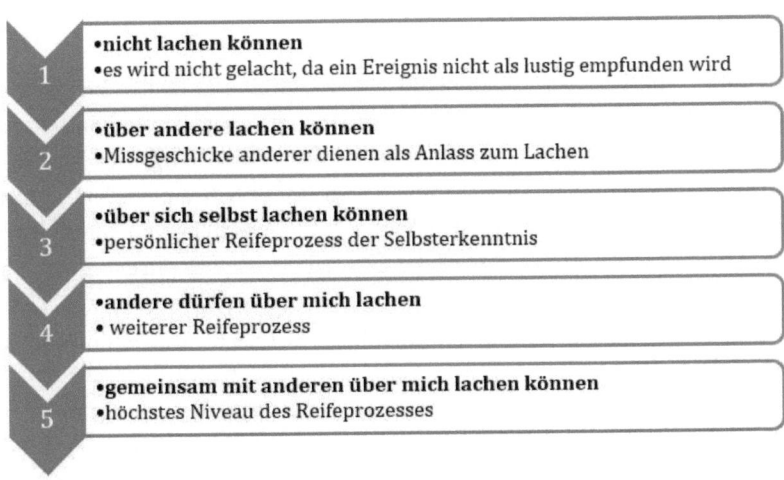

Abbildung 7: Fünf Stufen des Humorprozesses nach Hirsch

(Quelle: eigene)

5.1 Formen von Humor

Humor hat viele Facetten. Es gibt Formen gutmütigen, positiven und konstrukti-ven Humors und ebenso die boshaften, bissigen, destruktiven Varianten. Die Auf-zählung ist bei weitem nicht vollständig und soll nur einen kurzen Überblick über die verschiedenen Einsatzmöglichkeiten von Humor geben.

Der **Witz** leitet sich vom althochdeutschen „wizzi" ab, das soviel bedeutet wie Wissen, Verstand, Weisheit und Klugheit. Dies bezieht sich auf die Form des Witzes, der ein kurze Geschichte ist, die mit einer unerwarteten Wendung oder einem überraschenden Effekt zum Lachen animiert. Ein Witz ist demnach raffiniert und hintergründig.

Eine **Neckerei** oder ein **Scherz** ist laut Duden eine *„nicht ernst gemeinte [witzige] Äußerung, Handlung, die Heiterkeit erregen soll"* (https://www.duden.de/ rechtschreibung/ Scherz_Spasz_Neckerei_Witz). Holtbernd zitiert eine Forschung von Dacher Keltner mit dem Ergebnis „Neckereien bringen Menschen näher zusammen.". Er stellt fest dass wenn *„... begleitet von einem Lächeln, mit einem witzigen Grinsen und mit Wortwitz berechtigte Kritik geäußert wird, (...) der andere sein Gesicht wahren [kann] und weiß, dass er trotz seiner Fehler akzeptiert wird."* (Psychologie Today, 12/1999; zitiert aus Holtbernd 2005: 47). Es wird jedoch angemerkt, dass diese Form der Kommunikation nur dann einen positiven Verlauf nimmt, wenn die Beziehung nicht durch Konflikte belastet ist. In diesem Fall kann ein Scherz schnell negative, abweisende Reaktionen hervorrufen.

Das **Komische** wird im Duden definiert als: „durch eigenartige Wesenszüge belustigend in seiner Wirkung, zum Lachen reizend" oder „sonderbar, seltsam; mit jemandes Vorstellungen, Erwartungen nicht in Einklang zu bringen" (https://www.duden.de/rechtschreibung/komisch). Schwarz erklärt, „... dass das Komische sich jeweils auf eine Erwartungshaltung bezieht, von der die komische Person, Situation, Story etc, abweicht. Es wird etwas, was normalerweise anders verstanden oder erlebt wird, übertrieben, verfälscht, in Kontrast gebracht." (Schwarz 2015: 16). Das Komische steht immer in einem sozialen Kontext und ist abhängig von Kultur, Zeit und Situation. Häufig finden sich komische Situationen im Alltag. Auch hier ist viel Fingespitzengefühl gefragt, denn nicht immer können Personen, die sich „komisch" benehmen dies auch steuern (körperlich, geistig und psychisch Erkrankte) und fühlen sich eventuell Ausgelacht, was ihrerseits zu negativen Gefühlen führen kann.

Eine weiter Variante des Humors ist der **Sarkasmus**. Als Sarkasmus wird beißender, verhöhnender Spott begriffen, welcher die Verletzung des Verspotteten zumindest in Kauf nimmt oder gar beabsichtigt. Dies begründet die Zuordnung zum destruktiven Humor. Jedoch gibt Schwarz ein gutes Beispiel, dass in besonderen Fällen eine sarkastische Bemerkung, die der Heftigkeit wegen meist viel Aufmerksamkeit erzielt, auch durchaus positiv wirken kann, wenn damit ein Problem oder eine Konsequenz aufgezeigt werden.

Zynismus gilt als die Steigerungsform des Sarkasmus. Schwarz sieht in ihm die vermutlich stärkste Interventionsform im Rahmen des Komischen. *„Als zynisch wird eine Aussage immer dann empfunden, wenn sie zeigt, dass auch das Gegenteil wahr sein kann [...].“* (Schwarz 2010: 36). Schwarz hält Zynismus immer dann für sinnvoll und angebracht, *„ [...] wenn eine Person oder eine Gruppe nur eine Wahrheit exclusiv bevorzugt und die Gefahr besteht, dass die zweite Seite nicht beachtet wird.“* (Schwarz 2010: 38). So gesehen wäre Zynismus als konstruktives Mittel bei der Humorintervention. Jedoch wirkt Zynismus häufig eher destruktiv, wenn er vom Gegenüber nicht verstanden wird.

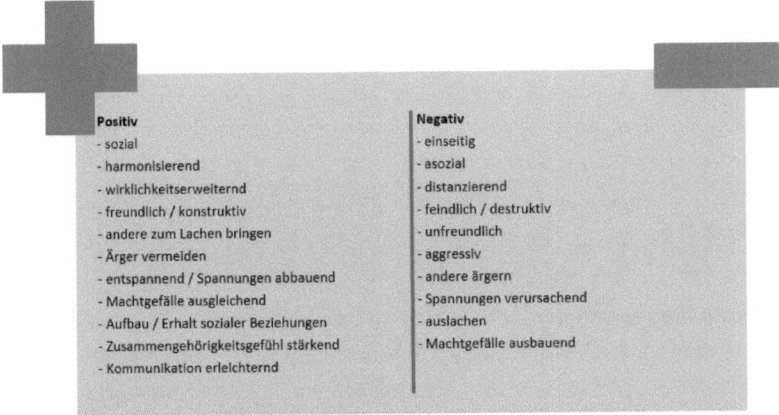

Positiv	Negativ
- sozial	- einseitig
- harmonisierend	- asozial
- wirklichkeitserweiternd	- distanzierend
- freundlich / konstruktiv	- feindlich / destruktiv
- andere zum Lachen bringen	- unfreundlich
- Ärger vermeiden	- aggressiv
- entspannend / Spannungen abbauend	- andere ärgern
- Machtgefälle ausgleichend	- Spannungen verursachend
- Aufbau / Erhalt sozialer Beziehungen	- auslachen
- Zusammengehörigkeitsgefühl stärkend	- Machtgefälle ausbauend
- Kommunikation erleichternd	

Abbildung 8: Positive und negative Auswirkungen von Humor

(Quelle: eigene)

5.2 Das Lachen

Lachen ist nicht mit Humor gleichzusetzen, da es sich hierbei um eine physiologische Reaktion handelt. Der Duden beschreibt das Lachen als *„ausdrückende Mimik (bei der der Mund in die Breite gezogen wird, die Zähne sichtbar werden und um die Augen Fältchen entstehen“* (https://www.duden.de/rechtschreibung/Lachen). Delic zitiert Kresse und Ullmann zum Lachvorgang wie folgt. *„Um herzhaft zu lachen, muss eine Kettenreaktion im Gehirn ausgelöst werden. Dafür wird zunächst das Komische kognitiv (durch die menschliche Erkenntnis- und Informationsverarbeitung) im Großhirn erfasst, wofür in der Region des Stirngehirns eine Art Kontrollmechanismus abgeschaltet werden muss, um das laute und herzhafte Lachen zu erlauben. Das limbische System (...) entscheidet dann weiter, ob die Lachmuskeln* *aktiv werden ollen oder nicht."* (Delic 2015: 12). Lachen in seiner ursprünglichen Form gilt als Ausdruck von Lebensfreude und Wohlbefinden. Außerdem kann dazu beitragen, psychophysische Spannungen aufzulösen, Selbstheilungskräfte zu mobilisieren und den Energiefluss im Körper zu fördern. Somit kann das Lachen einem Gefühl der Befreiung gleichgesetzt werden. Schwarz weist auf eine Untersuchung der UNO hin, die nachweislich belegt, dass Lachen gesund, schön, erotisch, selbstsicher und erfolgreich macht, Ansehen und Einfluss gibt sowie Konflikte löst. Jedoch nicht jedes Lachen ist mit Humor verknüpft und freundlich gemeint. Birkenbihl unterscheidet zwei Grundarten des Lachens: Das Lachen mit der Welt und das Lachen gegen die Welt. Sie zeigt auf, dass hämisches Auslachen ein Vorspiel für spätere Gewalt sein kann und zitiert Goleman folgendermaßen: *„Je unfähiger junge Leute sind, Gefühle anderer Menschen zu verstehen, desto aggressiver (und depressiver) werden sie."* (Birkenbihl 2001: 44). Im weiteren Verlauf erklärt sie: *„Sich über andere zu erheben, um eigene Unsicherheit zu verbergen (meist auch vor sich selbst) geht häufig mit Pseudo-Heiterkeit einher und kann mit dem sog. harmlosen „Auslachen" von angeblich Schwächeren beginnen."* (Birkenbihl 2001: 45).

In den 1960er Jahren begannen Wissenschaftler und Mediziner, sich mit den therapeutischen Wirkungen des Lachens zu beschäftigen. Sie untersuchten Blutwerte von Testpersonen bevor, während und nachdem sie sie zum Lachen brachten und stellten fest, dass das Immunsystem positiv, d.h. mit einer Steigerung der Produktion von Abwehrkräften reagierte Die Lachforschung - die sogenannte Gelotologie - war geboren. Einer der Wegbereiter war der amerikanische Arzt William F. Fry.

5.3 Humor und Salutogenese

Im Gegensatz zum pathogenetischen Paradigma geht Antonovskys Konzept der Salutogenese mit einer völlig anderen Denkweise vor. Im salutogenetischen Konzept ist die Frage nicht warum jemand krank ist, sondern welche Faktoren direkt zur Gesundung oder Gesunderhaltung beitragen. Dabei geht er weit über die Reduktion von Risikofaktoren und den Effekt von Puffern hinaus. Grundlegende Annahme hierfür ist der Ansatz, dass ein Mensch nicht völlig krank oder völlig gesund ist, sondern sich vielmehr ständig zwischen den Polen „gesund" und „krank" auf einem multidimensionalen Gesundheits-Krankheits-Kontinuum bewegt. Dabei stehen bei Antonovsky vor allem Copingressourcen im Focus sowie Stressoren und ihre Konsequenzen, die nach dem Modell der Salutogenese nicht zwangsläufig negativ bzw. pathogen sein müssen, sondern sich auch positiv auswirken können. Salutogenese ermöglicht demnach *„[...] die Untersuchung der Konsequenzen aus den an den Organismus gestellten Anforderungen, auf die er keine direkt verfügbaren oder automatischen adaptiven Ressourcen hat [...].* (Antonovsky 1997: 26, Übersetzung von Franke).

Eine wichtige Komponente im Konzept der Salutogenese ist das Kohärenzgefühl. Antonovsky sieht das Kohärenzgefühl (Sence of Coherence; SOC) als Hauptdeterminante auf dem Gesundheits-Krankheits-Kontinuum. Das Es beinhaltet aus seiner Sicht folgende drei Komponenten: Verstehbarkeit, Handhabbarkeit und Bedeutsamkeit.

Verstehbarkeit bezieht sich darauf, inwiefern eine Person interne oder externe Stimuli als sinnhaft empfindet, diese somit als geordnete, konsistente, strukturierte, klare Informationen erachtet. Bei einem hohen Maß an Verstehbarkeit können diese Stimuli vorhersehbar sein oder, wenn sie unerwartet auftreten, gut eingeordnet und erklärt werden. Die sagt jedoch nichts über die Erwünschtheit der Stimuli aus. **Handhabbarkeit** bedeutet, Ereignisse als Erfahrungen zu verstehen und wahrzunehmen und als Herausforderungen zu betrachten. Antonovsky bezeichnet sie als das *„Ausmaß, in dem man wahrnimmt, dass man geeignete Ressourcen zur Verfügung hat, um den Anforderungen zu begegnen, die von Stimuli, mit denen man konfrontiert wird, ausgehen.“* (Antonovsky 1997: 35, Übersetzung von Franke). Die Ressourcen können dabei sowohl in der Person, wie auch im Umfeld, z.B. in der Familie, im Glauben oder in anderen Bereichen liegen. Personen mit einem hohen SOC haben ein großes Vertrauen, dass alles gut ist oder wird. Die Komponente der **Bedeutsamkeit** ist in diesem Konzept das motivationale Element, das heißt eine Person mit einem hohen SOC ist in der Lage das Leben emotional als sinnvoll anzusehen und in den Stimuli eher willkommene Herausforderungen zu sehen.

Alle drei Komponenten sind eng miteinander verwoben und beeinflussen sich teilweise gegenseitig, können aber unterschiedlich stark ausgeprägt sein. So ist die Komponente Handhabbarkeit stark abhängig von der Verstehbarkeit, denn das Verstehen der Anforderungen ist Voraussetzung für das Gefühl, ausreichend Ressourcen zur Verfügung zu haben um diese Anforderungen bestehen zu können. Jedoch schließt ein hohes Maß an Verstehbarkeit nicht automatisch ein hohes Maß an Handhabbarkeit ein. Diese Kombination sieht Antonovsky als die mit dem höchsten Veränderungspotential an, wobei die Richtung der Veränderung wiederum stark von der Bedeutsamkeit abhängt. Eine hohe Motivation kann im Lauf der Zeit zu einer Verbesserung der Handhabbarkeit führen. Andersherum kann eine eher niedrige Motivation dazu führen, dass im Endeffekt auch die Verstehbarkeit sinkt, weil die Person sich nicht weiter mit den Anforderungen beschäftigen wird. So also beeinflusst die Bedeutsamkeit einer Anforderung sowohl die Handhabbarkeit wie auch die Verstehbarkeit und versteht sich als Motivation für beide Komponenten. Ein erfolgreiches Coping ist demnach abhängig vom Kohärenzgefühl insgesamt. Als Voraussetzung für ein stabiles Kohärenzgefühl benennt Antonovsky drei Punkte:

- Konsistenz, also die Erfahrung das Abläufe sich wiederholt unter ähnlichen Bedingungen ähnlich gestalten, ist wichtig zur Ausbildung der Verstehbarkeitskomponente.

- Die Möglichkeit der Einflussnahme auf Gestaltung der Umwelt im weitesten Sinne (sozial, politisch usw.) ist ein wichtigstes Element zur Ausbildung der Bedeutsamkeitskomponente.

- Das richtige Maß an Anforderung, also die Belastungsbalance, die dazu führt das sich weder Über- noch Unterforderung einstellen, ist notwendig für das Gefühl der Handhabbarkeit.

Das Salutogenese-Konzept von Antonovsky gibt einen völlig neuen Blickwinkel auf das Gesundheits- und Krankheitsverständnis frei. Dadurch könnten im Gesundheitswesen, vor allem bei der Prävention, neue Wege entstehen. Leider wird dieser Blickwinkel bisher noch sehr wenig berücksichtigt. In der Politik und in den meisten Unternehmen zählen immer noch in erster Linie ökonomische Gesichtspunkte, weniger der Mensch in seinem Gesundheitsverhalten.

Allerdings hat das Konzept auch Nachteile. So gesteht Antonovsky selbst ein, dass er die psychologische Variable weitestgehend unberücksichtigt ließ. Er setzt vor beim Kohärenzgefühl vor allem auf die persönliche Variable und vernachlässigt dadurch die politische Umwelt. Weiterhin bemängeln kann man, dass eine empirische Überprüfung des Modells sehr schwierig ist. Daraus resultieren jedoch Weiterentwicklungsmodelle, zum Beispiel die ressourcenorientierte Weiterentwicklung im HEDE-Modell.

Antonovskys Idee der Salutogenese lässt sich hier folgendermaßen nochmals zusammenfassen: „Der jeweilige Gesundheitszustand eines Patienten /einer Patientin, also sein/ihr Platz auf dem Gesundheits-Krankheits-Kontinuum, ergibt sich aus der dynamischen Interaktion zwischen ... Belastungen und Ressourcen [einer Person], auf allen Ebenen des Seins." (Brieskorn-Zinke, 2000; zitiert aus: Siegel, 2005, S.36).

„Humor ist der Knopf, der verhindert, dass uns der Kragen platzt." Dieser Satz von Ringelnatz geht hier von einer positiven Form des Humors aus. Und auch Robinson schreibt ganz ähnlich „Humor ist wie ein Sicherheitsventil das gerade genug Luft ablässt, um eine Explosion zu verhindern." (Robinson, 2002, S.58) Humor kann dazu beitragen, Ängste, Anspannung, Wut und Zorn abzubauen oder in eine Form zu bringen, die akzeptabel erscheint. Damit ist die Handhabbarkeit die Teilkomponente des Salutogenetischen Konzeptes, an der der Humor ansetzt. Positive Humorstile, die als sozial oder selbstaufwertend bezeichnet werden, führen zu mehr Elan, einem positiveren Umgang mit Fehlern und einem allgemein positiven Sozialverhalten. Robinson beschreibt dies folgendermaßen: „ Kranke und alte Menschen können über Humor, Witz und respektloses Infragestellen ihr lähmendes Ausgeliefertsein angesichts einer ihnen übermächtig, undurchschaubar und geradezu sakral inszenierten Medizintechnologie ... überwinden und zu kreativer autonomer Erkenntnis der eigenen Situation und deren Handhabbarkeit gelangen" (Robinson, 2002, S. 14) In dieser Aussage schließt sie sowohl Verstehbarkeit wie auch Handhabbarkeit, zwei der drei Komponenten des Salutogenese-Konzeptes, ein. Daraus ist zu schließen, dass positiver Humor in der Lage ist die Balance auf dem Gesundheits-Krankheits-Kontinuum in Richtung Gesundheit zu beeinflussen.

Andersherum kann man schließen, dass negativer, aggressiver und selbstabwertender Humor, der zu unter anderem zu verbaler Aggression führen kann, die Balance eher in Richtung Krankheit beeinflusst. Die negativen Humorstile können unter anderem zu verstärktem Grübeln, Fehlerstress, Einsamkeit sogar bin hin zum Mobbing führen. Leider ist zu diesem Thema bisher wenig Literatur vorhanden. Die meisten Werke die sich mit Humor und Gesundheit beschäftigen betonen die positive Seite und damit auch die positiven Auswirkungen.

5.4 Funktionen von Humor

Ausgehend vom Konzept der Salutogenese kann Humor als Einstellungsmerkmal einen entscheidenden Beitrag zur Gewichtung des Gesundheits-Krankheits-Kontinuums leisten. Als salutogenetisches Mittel kann er verschiedene Funktionen erfüllen.

5.4.1 Physiologische Funktionen des Humors

Das Lachen ist eine physiologische Funktion der Menschen. Als solches wird in der Gehirnforschung versucht, die beteiligten Gehirnregionen auszumachen. Lautes und herzhaftes Lachen regt Kreislauf und Stoffwechsel an, stärkt das Immunsystem, lindert Schmerzen und senkt das Schmerzempfinden. Da der Mensch beim Lachen die Kontrolle über seinen Körper verliert, sagt Delic auch: er wird quasi gelacht (Delic 2015: 12). Beim Lachen werden Endorphine freigesetzt, der Mensch entspannt sich, Lunge und Zwerchfell werden kontrahiert und gestärkt. Weitere positive Auswirkungen sind der Abbau von Frust und Ärger. Diese Fakten sind die Arbeitsgrundlage der „clown doctors" oder Klinikclowns. Darüber hinaus werden ständig neue heilende Aspekte entdeckt, wie harmlosere Krankheitsverläufe oder eine geringe Rückfallrate. Freud beschreibt einen wesentlichen Zug des Humors folgendermaßen: „Das Ich verweigert es, sich durch die Veranlassungen aus der Realität kränken, zum Leiden nötigen zu lassen, es beharrt dabei, dass ihm die Traumen der Außenwelt nicht nahegehen können, ja es zeigt, dass sie ihm nur Anlässe zu Lustgewinn sind." (Freud 2012: 254). Siegel weist auf den Humor als Ressource zur Bewältigung schwieriger Situationen und Lebensbedingungen hin. „Wenn Humor zur Entlastung oder Verminderung von Ängsten, Stress und Anspannung führt, kann er als eine Art Copingstrategie betrachtet werden." (Siegel 2005: 29). Holtbernd verweist auf verschiedene Forschungsarbeiten und meint, dass fröhliche Menschen ein besseres psychologisches Abwehrsystem aufweisen. „Menschen, die viele Gesundheitsbeschwerden haben, erzielen vor allem dadurch positive Effekte, dass durch das Lachen die Angstsymptome zurückgehen. (...) Lachen löst nicht nur muskuläre Verspannungen, sondern auch Denkverspannungen. Daher können humorvolle Menschen mit belastenden Situationen und kritischen Lebensereignissen besser umgehen." (Holtbernd 2005: 142).

Für Höfner / Schachtner spielt der Humor in der Psychotherapie eine besondere Rolle. Für sie ist die Funktion von Humor in einen Kreislauf eingebunden „Das Relativieren fördert den inneren Abstand zu den eigenen Problemen, und dadurch werden die Auswege sichtbar, die es auch aus einer scheinbar ausweglosen Situation gibt, und sobald man Auswege sehen kann, wachsen die schlummernden Kräfte und vertreiben die Resignation. (...) Wenn ich (...) über mich lachen kann, schaffe ich mir mehr Freiräume. Meine innere Verstrickung lässt nach, ich tappe nicht mehr in alle (selbstgestellten) Fallen und kann deshalb umso mehr über mich lachen. Das vergrößert dann wieder meine Freiräume usw." (Höfner / Schachtner 2010: 56f.). Siegel verweist an dieser Stelle an eine in den USA durchgeführte Studie von Boyd und McGouire, die in acht Langzeiteinrichtungen durchgeführt wurde und in der bei der sogenannten Humorgruppe nach elf Wochen eine Verbesserung der Gefühlswelt festgestellt wurde (Siegel 2005: 37). Anzumerken ist an dieser Stelle, dass in allen Studien die positive physiologische Wirkung allein durch das Lachen nicht nachgewiesen ist. Humorexperten sind dennoch von der therapeutischen Wirkung des Humors überzeugt.

Andererseits kann Humor aber auch verletzend sein, zu Angst- und Minderwertigkeitsgefühlen führen. Beispiele hierfür sind Missverständnisse, Sarkasmus und Zynismus. Wenn der Humorempfänger durch den Humorproduzenten nicht ernstgenommen fühlt (bewusst oder unbewusst), besteht die Gefahr, dass der Humorempfänger sich ausgelacht und geringgeschätzt fühlt.

5.4.2 Kommunikative Funktionen des Humors

Kommunikation ist der Prozess der Übertragung von Nachrichten zwischen einem Sender und einem oder mehreren Empfängern. Die Grundlage einer guten Kommunikation ist neben Worten, die Tonlage, Mimik, Gestik, die Körperhaltung und ein hohes Maß an Empathie. Empathie ist die *„Bereitschaft und Fähigkeit, sich in die Einstellungen anderer Menschen einzufühlen"* (https://www.duden.de/rechtschreibung/Empathie). Zimmer beschreibt es als eine *„Prozess einfühlenden Verstehens"* (Zimmer 2012: 47). *„Empathische Führungskräfte erhalten ein Vielfaches an Informationen über ihre Mitmenschen, die sie für sinnvolle und zielführende Entscheidungen dringend benötigen."* (Blochberger 2010: 67). Besonders in Einrichtungen des Gesundheitswesens und der Altenpflege ist die Kommunikation unverzichtbar: Aufklärungs- und Beratungsgespräche, Verwaltungsaufgaben und Besprechungen sind tägliches Aufgabenfeld. *„Ausschlaggebend für eine gelingende Soziale Arbeit ist nicht zuletzt die Fähigkeit, untereinander Anliegen und Wünsche mitzuteilen."* (Maruhn 2015: 10). Diese Aussage betrifft sowohl den Arbeitsalltag untereinander sowie die Kommunikation mit Bewohnern, Patienten und Kunden (einschließlich externe Kooperationspartner). Kommunikation ist besonders im sozialen Bereich häufig abhängig von sozialer Stellung und führt zu Kommunikationsbarrieren. Besonders zu erwähnen wäre hier das Beispiel der Kommunikation zwischen Arzt und Patient. Der Patient ist auf das Fachwissen des Arztes angewiesen, der Arzt hat die Möglichkeit, seine Stellung als Fachmann auszunutzen. Diese Problematik zeigt sich teilweise auch im pflegerischen Bereich. Aufklärungsgespräche werden weniger gut seitens der Kunden verstanden, wenn die Fachkraft sich vor allem an Fachbegriffen bedient.

Humor kann den kommunikativen Prozess fördern, indem z.B. ernste Themen humorvoll verpackt werden und so bestenfalls zu einem besseren Verständnis und größerer Aufmerksamkeit führen. Die kommunikative und die soziale Funktion des Humors sind untrennbar miteinander verwoben. So können durch die Art des Humors z.B. auch Ansichten zur sozialen Stellung des Gegenübers mitgeteilt werden indem man dem Gegenüber das Gefühl des Ausgelachtwerden und / oder der Minderwertigkeit vermittelt. Dies wiederum kann zur Ausgrenzung aus einer Gruppe beitragen. Schwarz weist zudem darauf hin, dass Menschen, die über sich und ihre eigenen Fehler lachen können, weniger zu Realitätsverlust neigen und sich daher weniger selbst überschätzen (Schwarz 2015: 10). Dies ist ein wichtiger Punkt im Konfliktmanagement. Menschen die lächeln oder lachen können andere eher überzeugen als pessimistische Menschen die auf der eigenen Position beharren.

Berger verweist auf den von Radcliffe-Browne bekanntgewordenen Begriff der „Scherzbeziehung" (joking relationship), welche wie folgt definiert wird: *„Eine Beziehung zwischen zwei Personen, von denen eine traditionell die Erlaubnis – und manchmal die Pflicht – hat, die andere zu necken oder zu verspotten, von der wiederum erwartet wird, dass sie das nicht übelnimmt."* (Berger 1998: 85). Diese Beziehungen können symmetrisch (beide haben gleiches Recht) oder asymmetrisch (einer ist der Komiker, die andere Person der Verspottete) sein. Diese „Scherzbeziehungen" fand Radcliffe-Browne vor allem in afrikanischen Stämmen und bezeichnet die Beziehungen als *„eine eigenartige Kombination von Freundlichkeit und Feindseligkeit."* (Berger 1998: 85).

5.4.3 Soziale Funktion

Hirsch (1996) bezeichnet den Humor als „soziales Schmiermittel" (Siegel 2005: 25). Hierbei wird von einer positiven Beziehungsgestaltung zwischen Einzelnen und Gruppen ausgegangen. Die soziale Funktion des Humors zeigt sich bereits im Kindesalter. Es wird davon ausgegangen, dass Humor die kommunikativen Kompetenzen von Kleinkindern fördert und die Interaktion erleichtert (Siegel 2005: 25). Menschen, die es schaffen nicht nur über andere, sondern in erster Linie über sich selbst zu lachen gewinnen an Selbstvertrauen, da sie ihre eigenen Schwächen nicht so ernst nehmen. Diese Personen sind auch im Beruf erfolgreicher, da *„Lachen überzeugt, und jemand, der andere überzeugen kann, ist erfolgreicher als einer, der das nicht kann."* (Schwarz 2015: 10).

Als Mittel der Kommunikation kann Humor beim Aufbau sozialer Beziehungen helfen, kann aber ebenso trennend wirken. Ein Lächeln kann dem Gegenüber ein Gefühl der Aufgeschlossenheit vermitteln. Das Gegenteil geschieht, wenn das Lachen beim Gegenüber zu Gefühlen der Minderwertigkeit, des Ausgelachtwerden und der Hilflosigkeit führen. Besonders in hierarchischen Gruppen kann der Humor entweder ein Machtgefälle ausgleichen, wenn man gemeinsam über etwas lachen kann, oder das Machtgefälle weiter ausbauen. Dies geschieht, wenn eine Führungsperson über einen Untergebenen lacht in Form des Auslachens, des sich lustig Machens. In Gruppen ohne hierarchische Ebenen kann letzteres Spannungen verursachen, indem ein Teil der Gruppe über einen anderen Teil lacht und diese Person(en) ausgrenzt. Der Humor kann somit, je nach Kontext, sozial konstruktiv bis destruktiv und aggressiv wirken (Schwarz 2015: 7). Lachen im positiven Sinne erhöht die Kooperationsfähigkeit und wirkt sich positiv auf die Bereitschaft zur Friedfertigkeit aus.

5.4.4 Humor als Ventil

Jeder Mensch durchlebt hin und wieder Krisensituationen aus den unterschiedlichsten Gründen. In diesen Situationen kommt schnell das Gefühl auf, „Dampf ablassen" zu müssen. Je nach Persönlichkeit kann sich dies in übermäßigem Suchtmittelgebrauch, die Befriedigung von Süchten (z.B. Kaufrausch), übermäßiger Drang zur Arbeit bis zum Burn-out oder (auto-)aggressivem Verhalten auswirken. Im Berufsleben kann Mobbing eine Folge sein. Diese Methoden stellen jedoch keine reelle Lösung dar, im Gegenteil bergen sie meist Gefahren für Körper und / oder Psyche. Maruhn zitiert eine Studie von Elkeles und Kirchler (2004) und merkt an: *„Am schwerwiegendsten ist aber, dass mit dem Verlust des Arbeitsplatzes oft auch der Sinn des eigenen Lebens in Frage gestellt wird. Das alles bedeutet neben den negativen materiellen Veränderungen eine enorme Stressbelastung, meist mit schwerwiegenden Auswirkungen für die Betroffenen. Das BKK-Gutachten „Arbeitslosigkeit und Gesundheit" (...) belegt, dass Arbeitslose weit mehr unter innerer Unruhe, Schlafstörungen und Depressionen leiden als Erwerbstätige. Die Folge ist nicht selten ein verstärkter Konsum von Alkohol und Beruhigungsmitteln."* (Maruhn 2015: 45).

Werden die Probleme humorvoll artikuliert, bietet sich die Möglichkeit, diese negativen Gefühle auf den Punkt zu bringen ohne sein Gesicht zu verlieren. Dies gilt nicht nur für materielle und sinnhafte Lebenskrisen, sondern insbesondere auch bei schwerwiegenden gesundheitlichen Einschränkungen. Ein häufig zu beobachtendes Phänomen ist, dass die Scherze und Witzeleien derber und das Lachen lauter werden, je angespannter und schwieriger die Situation ist.

5.4.5 Therapeutischer Humor

„Therapeutisch wirksamer Humor zielt nicht auf den schnellen Effekt ab. Seine primäre Intention ist die systematische Vermittlung von Einsicht in das Verstehen jener komischen Phänomene, die die Identität eines Menschen in unfreiwilliger Weise akzentuieren und bestehende Krankheitssymptome dadurch verstärken können." (Zimmer 2012: 104). Therapeutischer Humor ist in erster Linie Kommunikation. Die Basis für gelingenden therapeutischen Humor ist Empathie. Richtig angewandt kann therapeutischer Humor zur Prävention von Burn-out und anderen psychischen Erkrankungen beitragen. Dabei ist die Vielfalt der Einsatzmöglichkeiten auch hier vielfältig, beispielsweise in der Psychotherapie (Provokative Therapie) und vielen anderen Bereichen.

5.5 Fazit

Humor ist eine Begabung, die es dem Menschen erlaubt, das Komische im Alltäglichen wahrzunehmen. Er hat viele Facetten, welche vom gutmütigen und konstruktiven Necken und Scherzen bis hin zum boshaften und destruktiven Zynismus reichen. Eine Vielzahl von Forschern glauben, dass die Fähigkeit zum Humor in jedem Menschen angelegt ist, jedoch in unterschiedlicher Ausprägung, und dass Humor erlernbar ist. Einfluss auf das Verständnis von Humor haben vor allem soziale und kulturelle Prägungen. Aufgrund seiner positiven Auswirkungen auf physische, psychische und soziale Belange bietet bewusst gelebter Humor eine Vielzahl von Einsatzmöglichkeiten, die insbesondere in der Psychotherapie immer mehr Beachtung finden. Humor als Ventil dient dem Abbau von Stress und Aggressionen. Lachen und Lächeln als physische Reaktionen können Ausdrucksformen von Humor sein.

Ausgehend vom salutogenetischen Konzept von Antonovsky kann Humor ein Mittel der Wahl sein, um das Gesundheits-Krankheitskontinuum in Richtung Gesundheit zu beeinflussen. Menschen mit einer humoristischen Einstellung gelingt es häufig besser mit schwierigen Lebenssituationen umzugehen. Dies kann aber nur gelingen, wenn positiver Humor eingesetzt wird. Im Gegensatz dntazu kann negativer Humor gleichsam zu einer Verschiebung des Kontinuums in Richtung Krankheit begünstigt werden oder gar, wenn er beispielsweise in Form von Mobbing auftritt, Krankheiten erst entstehen lassen.

6 Die Rolle der Führungskraft

Zum Thema Führung von Organisationen gibt es vielfältige Definitionen. Eine einheitliche Definition, die die Heterogenität des Themas widerspiegelt, existiert derzeit in der Führungsforschung nicht. Allgemein wird Führung als ein Gruppenphänomen mit einer Interaktion von zwei oder mehr Menschen gesehen. Staehle definiert Führung als *„Möglichkeit, direkte, persönliche und zielorientierte Beeinflussung des Verhaltens von Einzelpersonen vorzunehmen."* (Staehle 1999: 328, zitiert aus Ridder 2015: 40). Ziel von Führung ist es, mit Hilfe von Kommunikationsprozessen Ziele zu setzen, das Handeln und Wirken dahingehend zu steuern und die Mitarbeiter zu motivieren um die durch die Organisation gesetzten (produktiven und wirtschaftlichen) Ziele zu erreichen. In Bezug auf die Mitarbeiter soll die Beziehung zwischen Führungskraft und Mitarbeiter zu verbesserter Leistung, Zufriedenheit und Loyalität führen. Kirchler / Walenta zitieren Neuberger (1990 und 1995), der sechs Inhalte von Führungsdefinitionen zusammenfasst. Demnach ist Führung: ein Gruppenphänomen welches die Interaktion zwischen zwei oder mehreren Personen einschließt; intentionale soziale Einflussnahme; die Zielsetzung, durch Kommunikationsprozesse Ziele zu erreichen; die Durchsetzung von Herrschaft auf dem Weg der Motivierung; Steuerung und Gestaltung des Handelns anderer Personen sowie ein Prozess der Ursachenzuschreibung an individuelle soziale Akteure (Kirchler, Walenta 2011: 10/11). Schirmer / Woidt sehen die Führung von Mitarbeitern als *„... einen Prozess der beabsichtigten sozialen Einflussnahme, der auf einer asymmetrischen Verteilung der Einflussnahme beruht."* (Schirmer / Woydt 2016: 9). Malik fasst die Kernaufgaben von Führungskräften folgendermaßen zusammen: Ziele vorgeben, organisieren, entscheiden, kontrollieren, messen und beurteilen und die Mitarbeiter fördern (Malik 2014: 165; zitiert aus Schirmer, Woydt 2016: 11). Schulz von Thun benennt die Kernaufgaben als Fachexperte, Manager, Mitarbeiter-Coach, Teamentwickler, Verantwortlicher, Löwenbändiger, Leitwolf und Angestellter. Diese Vielfalt der Wortwahl weist bereits auf die sehr unterschiedlichen Erwartungen an die Führungskraft hin. Salzwedel / Tödter zeigen den Unterschied zwischen Führungskraft und Manager auf und weisen auf die Aussage von Edgar Schein: *„Führungskräfte begründen und verändern Kulturen, während Manager und Administratoren in ihnen leben.* (Salzwedel / Tödter 2013: 10).

Führungskräfte müssen im Alltag mit sehr unterschiedlichen, teilweise auch gegensätzlichen Anforderungen gerecht werden, z.B. im Spannungsfeld zwischen Humanität und Effektivität. Hier gilt es, die Balance zu halten und nicht ein Extrem abzurutschen. Eine Führungskraft *„... sollte eine klare Vorstellung davon haben, was sie als ihre Aufgabe sieht und was nicht, wo sie anderen entgegenkommt, wo sie ihre Grenzen zieht und was sie ihrerseits von anderen erwartet. Hat sie diese klaren Vorstellungen nicht und versucht es allen recht zu machen, ist die Gefahr groß, dass die Führungskraft zum Spielball ihrer Rollenpartner und deren unterschiedlichen Erwartungen wird."* (Schulz von Thun et al 2015: 17). Zur Aufgabe der Führungskraft zählen demnach auch die Selbstpflege und die Selbstreflexion, um selbst gesund und arbeitsfähig zu bleiben. Dieses klare Rollen- und Führungsverständnis gilt es, auch gegenüber Vorgesetzten, zu kommunizieren und, wenn nötig, auszufechten. Dieser Dialog setzt in erster Linie Mut seitens der Führungskraft und Kritikfähigkeit seitens des Vorgesetzten voraus.

Der Erfolg der Führung hängt im Wesentlichen von der Persönlichkeit (Wertvorstellungen, Menschenbild, Intelligenz etc.) der Führungskraft ab. Diese Persönlichkeitsmerkmale haben großen Einfluss auf den Führungsstil und Einsatz der Führungsinstrumente (Delegation, Coaching, Feedback etc.) und bestimmen somit den Führungserfolg erheblich mit. Blochberger sagt: *„ Die Gefühlslage der Führungskraft ist das entscheidende Kriterium für die Beziehung zu Mitarbeitern und für die Qualität der Führung. Techniken können als Richtschnur fungieren, für die Umsetzung braucht es Fingerspitzengefühl, Geduld, Toleranz und Demut – kurz: emotionale Kompetenz."* (Blochberger 2010: 26). Ein weiterer Einflussfaktor sind die strukturellen, organisationalen Rahmenbedingungen.

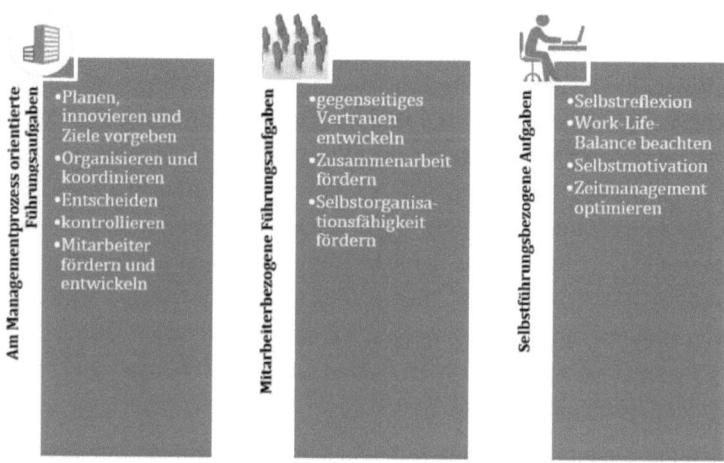

Abbildung 9: Zentrale Führungsaufgaben

(Quelle: eigene in Anlehnung an Schirmer / Woydt (Schirmer / Woydt 2015: 12))

Mourlane fasst die Anforderungen von Mitarbeitern an eine gute Führungskraft in folgenden 10 Punkten zusammen:

- Vorbildfunktion
- Authentizität
- Identifikation mit dem Unternehmen
- Beistand und Loyalität in schwierigen Situationen
- Verteilung spannender Aufgaben
- Zuhörer und Unterstützer in Belastungssituationen
- Ehrliches Feedback
- Lob für gute Leistungen
- Transparente Kommunikation von Zielen und Erwartungen
- Angemessene Entscheidungsspielräume

Eine wesentliche Schlüsselqualifikation für Führungskräfte ist soziale und kommunikative Kompetenz. Salzwedel / Tödter legen sieben Kriterien für soziale Kompetenz fest: Empathie, Fähigkeit und Bereitschaft zum Perspektivwechsel, klares Rollenbewusstsein und die Fähigkeit zum Rollenwechsel, lösungsorientiertes und strategisches Arbeiten, Kritik- und Konfliktfähigkeit, Krisenfestigkeit, Unterstützung nicht konformer Mitglieder sowie die taktisch kluge Positionierung der eigenen Person und des Teams im System (Unternehmen) (Salzwedel / Tödter 2013: 29ff). Für Blochberger macht vor allem emotionale Stärke eine Führungskraft aus. Nach seinem Ermessen äußert sich diese in der Selbstsicherheit, die eigenen Ängste zu akzeptieren und darüber eine innere emotionale Sicherheit zu finden; der Souveränität, sich unabhängig von Macht- oder Profitinteressen eine eigene Meinung zu finden; das Verantwortungsbewußtsein, sich für das Wohl anderer zuständig zu fühlen und danach zu handeln; die Durchsetzungskraft, sich aus der eigenen Überzeugung heraus auch gegen Widerstände einzusetzen und den Mut, neue Wege zu gehen, Grenzen zu überschreiten oder sich, wenn notwendig, über Regeln hinwegzusetzen (Blochberger 2010: 28).

6.1 Führung und Motivation

Führung steht in einem engen Verhältnis zu Macht und Einfluss. *„Macht bedeutet die Möglichkeit, auf das Handeln anderer einzuwirken beziehungsweise dieses zu beeinflussen."* (Kirchler, Walenta 2011: 11). Dieser Einfluss auf die Handlungen der Mitarbeiter kann in vielfältiger Weise ausgeübt werden. Beispiele hierfür sind die im Nachhinein dargestellten Führungsstile. Jeder dieser Führungsstile hat aufgrund seiner Besonderheiten einen ganz eigenen Einfluss auf die Motivation der Mitarbeiter. Führung ist immer eng verknüpft mit Kommunikation und Interaktion. Wichtige Punkte sind hierbei Wertschätzung der Mitarbeiter, Zuverlässigkeit, Berechenbarkeit, Transparenz, Klarheit und Nachvollziehbarkeit. Je nach Persönlichkeit des Mitarbeiters und des Führungsstils können sich diese Punkte als Motivator bewähren. Die Motivation der Mitarbeiter ist somit direkt abhängig vom Führungsstil und von der Person des Mitarbeiters. Mitarbeiterführung bedeutet für Laufer *„... Mitarbeitern die Orientierung auf die Arbeitsziele zu geben sowie sie auf dem Weg dorthin zu ermutigen und zu unterstützen."* (Laufer 2014: 17). Der Konsens in vielen Werken zu moderner Mitarbeiterführung besteht darin, dass das oberste Ziel sein muss, Mitarbeiter zu unternehmerischem Denken und Handeln sowie zu selbständigem Arbeiten zu befähigen. Führungskräfte haben hierfür die Rahmenbedingungen zu schaffen und Vertrauen zu entwickeln. Das Entgegenbringen dieses Vertrauens stellt für jede Führungskraft ein Risiko dar, da niemals sichergestellt werden kann, dass jeder Mitarbeiter sein Bestes gibt und gute Leistungen abliefern will.

6.2 Klassische Führungskonzepte

Führungskräfte sind durch ihre Position ein Modell, an dem sich andere orientieren. *„Führen durch Vorbild" ist eine ebenso probate wie ethisch legitimierte und erfolgreiche Führungsmethode."* (Buhr 2016: 22). Schirmer / Woydt definieren Personal- oder Mitarbeiterführung (die Worte finden synonyme Verwendung) als dynamischen, wechselseitigen und ethisch legitimierten Einflussprozess, um das Verhalten eines oder mehrerer Mitarbeiter in einer interaktionalen Beziehung auf die Erhaltung bzw. Einrichtung bestimmter Werte und Ziele der Organisation hin auszurichten. *„Dies schließt auch ein Führungsverständnis ein, dass sich im Sinne von Self-Leadership oder Shared Leadership darauf konzentriert, einen zielführenden Rahmen zu definieren, innerhalb dessen Mitarbeiter befähigt werden, selbstorganisiert zweckgerichtet zu handeln."* (Schirmer / Woydt 2016: 2). Die klassischen Führungskonzepte setzen dabei zumeist auf die Persönlichkeit der Führungskraft. Ihr Expertenwissen und ihre Führungsqualitäten allein sollen den Erfolg oder Misserfolg des Unternehmens beeinflussen und steuern.

Häufig wird von Führungskräften Authentizität gefordert, ohne zu wissen, welche Werte sich hinter diesem Begriff verbergen. Synonyme für authentisch sind vertrauenswürdig, glaubwürdig, glaubhaft und überzeugend. Salzwedel / Tödter fassen diese Eigenschaften für eine Führungskraft in folgender Definition für Authentizität zusammen: *„Eine authentische Führungskraft spielt die von der Organisation geforderte Rolle in Einklang mit ihren eigenen, bewusst gewählten Wertvorstellungen."* (Salzwedel / Tödter 2013: 19). Somit stellt Authentizität eine Persönlichkeitsentwicklung dar, authentische Führungskräfte wissen um ihre Wirkung und Reaktionen in bestimmten (Stress-)Situationen und können ihre Reaktionen bewusst steuern. Sie sind ihren Mitarbeitern ein Vorbild, indem sie ihre Stärken aber auch ihre Schwächen vorbehaltlos reflektieren und bei Bedarf intervenieren.

6.3 Autoritärer Führungsstil

Dieser Führungsstil, auch autokratisch, direktiv oder zwingend genannt, ist ausschließlich ergebnisorientiert und eindimensional und als top-down Führung zu sehen. Der autoritäre Führungsstil gewann im Rahmen der Industrialisierung am Anfang des 19. Jahrhunderts an Bedeutung. Die damals fast ausschließlich körperliche Arbeit wurde von Fredrick Winslow Taylor (1856 – 1915) wurde bis ins Detail analysiert und mündeten in extreme Arbeitsteilung mit der Spezialisierung des Einzelnen auf bestimmte Verrichtungen. Seitens des Unternehmers stand lediglich das Output, die Produktivität, im Mittelpunkt, soziale Aspekte der Arbeitnehmer blieben unberücksichtigt. Arbeitnehmer waren nicht über die Ziele des Unternehmens informiert, sie hatten keinerlei Einfluss. *„Ihr Stil ist durch Dominanz und Unterwerfung geprägt. Die Regeln dieser Organisationskultur sind rigide und unterdrückend, wobei primär die Führungskräfte das Recht haben, sie aufzustellen oder zu verändern."* (Hagehülsmann 2016: 254). *„Mitarbeitende sind Empfänger klarer Anweisungen, die sie auszuführen haben. Sie geraten in die Rolle von Befehlsempfängern und werden auf die Funktion reduziert, ausführende Organe oder Handlanger der Führungskraft zu sein."* (Mahlmann 2011: 18). *„Die Führungskraft gestaltet, setzt Ziele und bestimmt Aufgaben, ohne dass die Untergebenen beteiligt werden. Das Verhältnis von Führenden und Mitarbeitern beruht auf Befehlen und Gehorsam."* (Schirmer, Woydt 2016: 166). Eigenverantwortliches und selbständiges Arbeiten sind nicht vorgesehen, da die Mitarbeiter nur bruchstückhafte Informationen bekommen. Für die Mitarbeiter gibt es keinen Entscheidungs- oder Handlungsspielraum, da alle Entscheidungen ausschließlich bei der Führungskraft liegen. Mahlmann weist ausdrücklich darauf hin, dass jedwede innere Motivation erstickt wird und die Unselbständigkeit zunimmt (Mahlmann 2011: 19). Je nach Persönlichkeit des Mitarbeiters wirkt sich dieser Führungsstil als Zumutung oder willkommene Entlastung aus. Mitarbeiter entwickeln häufig eine Grundhaltung der Minderwertigkeit oder Hoffnungslosigkeit, die sich im Nichtstun als innere Form der Emigration, Überanpassung in Form devoten Verhaltens, destruktive Machtspiele bis hin zu Betriebssabotage oder gar Gewalt entwickeln kann (vgl. Hagehülsmann 2007: 255).

6.3.1 Kooperativer Führungsstil

Dieser Führungsstil entwickelte sich Ende der 30er bis in die 60er Jahre des 20. Jahrhunderts. Es war der Beginn der Human-Relations-Bewegung. Durch einen Unfall in einer Untersuchung der Leistungssteigerung fand Elton Mayo durch Zufall heraus, dass eine Leistungssteigerung der Mitarbeiter vorhanden ist, wenn diese sich wahrgenommen fühlen. Einer der Ansätze dieser Bewegung basiert auf der Bedürfnispyramide nach Maslow. Mit ihm zogen auch die Begriffe der Selbstverwirklichung und der Wertschätzung erstmals in die Unternehmen ein. Die maßgeblichen Motivatoren dieses Modells sind: zwischenmenschliche Beziehungen, soziales Klima, Arbeitsplatzumfeld, Aufgabeninhalt, Verantwortungsbereiche und Befugnisse sowie Anerkennung (Mahlmann 2011: 31). *„Beim kooperativen Führungsstil bindet der Führende die Mitarbeiter ein, um Ziele und Aufgaben gemeinsam zu besprechen. Der Führende und die Mitarbeiter machen Lösungsvorschläge, die gleichrangig behandelt werden. Die Führungskraft informiert und unterstützt die Mitarbeiter, damit sie ihre Aufgaben selbständig erledigen können."* (Schirmer, Woydt 2016: 166). So werden Mitarbeiter möglichst nach ihren Fähigkeiten und Stärken eingesetzt. Zudem liegt es in der Pflicht der Führungskraft, ergebnis- und zielorientiertes Arbeiten innerhalb definierter Rahmenbedingungen zu forcieren. *„Es kam zunehmend darauf an, Mitarbeitenden den Gesamtkontext, den Sinn- und Zielzusammenhang ihres Wirkens zu vermitteln. Dieses Wissen diente als Basis dafür mitzudenken, teilzunehmen und selbständig zu arbeiten."* (Mahlmann 2011: 35). Selbständiges und eigenverantwortliches Arbeiten, Teilhabe an Entscheidungsprozessen, offene Kommunikation, eine offene Fehlerkultur und ein klares Feedback führen zu höherer Motivation und Leistungsbereitschaft. Hagehülsmann, deren trainierender Führungsstil dem kooperativen Stil sehr nahekommt.

6.3.2 Situativer Führungsstil

Im Verlauf der 1950er bis 1970er Jahre beschäftigten sich unterschiedliche Autoren mit der Frage, welche Konzepte für die Praxis der Führungstätigkeit helfen könnten, um ein motivierendes Arbeitsumfeld zu schaffen. Der Führungsstil des situativen Führens schließt die Frage nach der Situation, in welcher sich der Mitarbeiter befindet, ein. Diese Komponente fand bei den im Vorfeld beschriebenen Führungsstilen keine Beachtung. Nach dem Modell von Hersey und Blanchard werden die Mitarbeiter in vier verschiedene Reifegrade in den Bereichen psychologischer und Aufgabenreifegrad unterteilt. Die jeweilige Zuordnung des Mitarbeiters zu einem bestimmten Reifegrad ist Aufgabe der Führungskraft. Diese hat dann ihren Führungsstil entsprechend anzupassen. Der Mitarbeiter soll demnach von einem unselbständigen, unerfahrenen Mitarbeiter durch alle vier Stufen hin zu einem Mitarbeiter der selbständig und eigenverantwortlich tätig ist. Dies führt zu einer konstruktiven Fehlerkultur und Vertrauen und Respekt auf beiden Seiten. Die Motivation der Mitarbeiter gilt als hoch, da sich jeder dafür verantwortlich fühlt, vereinbarte Ziele zu erreichen. *„Die Führungskraft vertraut auf die intrinsische Motivation ihrer Mitarbeitenden, hervorragende Leistungen und Potentiale entwickeln zu wollen, und die Mitarbeiter verlassen sich auf dieses Vertrauen und auf die damit verbundene Förderungsabsicht und -kompetenz der Führungskraft."* (Mahlmann 2011: 54).

6.3.3 Laisser-faire-Führungsstil

> „Dieser Stil kann eigentlich nicht als Führung bezeichnet werden, da er durch die Abwesenheit von Führungsmaßnahmen geprägt ist und keine Zielorientierung besitzt. Der Vorgesetzte gibt auf Fragen der Mitarbeiter Antworten, agiert ansonsten aber passiv und initiativlos. Der Laissez-faire-Stil ist Ausdruck einer distanzierten und desinteressierten Führungseinstellung. Der Vorgesetzte bietet keine Unterstützung und hält sich aus Gruppenprozessen heraus." (Schirmer, Woydt 2016: 166).

Dieser Einstellung widerspricht Mahlmann. Sie sieht die Rolle des Laisser-faire-Führenden als strategischen Kopf, der für optimale Rahmenbedingungen sorgt, in denen die Mitarbeiter als Experten ihres Faches ein gutes Output bringen können. Sie ordnet dieser Führungskraft drei Hauptfunktionen zu: die Integrationsfunktion dient der Einbindung aller Mitarbeitenden in den Prozess, die Führungskraft leitet und moderiert unparteiisch und sorgt dafür, dass Missstimmungen angesprochen und Dissonanzen ausgeräumt werden. In der Kohäsionsfunktion sorgt sie für den Zusammenhalt der (Arbeits-)Gruppe indem sie in Zusammenarbeit mit der Gruppe die geltenden Regeln aufstellt, Ziele erarbeitet und definiert und für Transparenz und Nachvollziehbarkeit sorgt. In der Lokomotionsfunktion sorgt die Führungskraft dafür, dass alle Beteiligten am selben Strick und in dieselbe Richtung ziehen (Mahlmann 2011: 60ff.).

Der Laisser-faire-Führungsstil kann also, je nach Auslegung, motivierend oder demotivierend auf die Mitarbeiter wirken. Entsteht der Eindruck, dass die Führungskraft passiv und desinteressiert handelt, überträgt sich dieses Verhalten auf die Motivation der Mitarbeiter. Übt sie ihre Führung jedoch aus wie bei Mahlmann beschrieben, setzt dies großes Vertrauen in die Selbständigkeit und Motivation der Mitarbeiter voraus und kann sich für die Motivation förderlich auswirken.

6.3.4 Alternative Führungskonzepte

Alternative Führungskonzepte sehen weniger die Führungskraft als Persönlichkeit, sondern sehen eher das Unternehmen selbst im Mittelpunkt und die Führungskraft als strategische Symbolfigur. Komplexer werdende Märkt und damit steigende Anforderungen sehen die Führungskraft mehr als strategische Steuerung des Unternehmens. Die direkte Mitarbeiterführung wandelt sich hin zu einer Steuerung von Prozessen und Veränderungen.

6.3.5 Systemisches Führen

Der Ansatz systemischer Führung sieht das Unternehmen als soziales Gebilde, welches in ständiger Wechselwirkung mit seiner Umwelt steht. Die Umwelt, bestehend aus anderen Marktteilnehmern und gesellschaftlichen Bereichen wie Politik, Recht und Kultur, beeinflussen sich wechselseitig. Auch das Unternehmen selbst ist als komplexes, systemisches Gebilde aus Abteilungen und Mitarbeitern zu betrachten. Aufgrund der Unberechenbarkeit und Unvorhersehbarkeit des Systems ist die Kommunikation das elementare Führungsinstrument. Schirmer / Woydt sehen in der systemischen Führung nicht den Versuch *„… die Komplexität zu begrenzen bzw. zu beherrschen, sondern begreift Komplexität als notwendigen Bestandteil effektiver Führung. Systemische Führung versucht in einer ganzheitlichen Perspektive nicht nur die bilateralen, linearen Interaktionen zwischen Führungskraft und Mitarbeiter, sondern auch die komplexen Interaktionen zwischen Mitarbeitern, Kollegen, Kunden und weiteren im Zusammenhang stehenden Interessens- und Kommunikationsgruppen zu erfassen.“* (Schirmer, Woydt 2016: 202). Mahlmann sieht diesen Führungsstil als positiv für Personen, die intrinsisch motiviert sind und eine hohe Chaostoleranz haben. Andere Mitarbeiter könnten in einem solchen System eher zu Angst und Flucht.

6.3.6 Symbolisches Führen

Symbolische Führung ist, im Gegensatz zu den bisher vorgestellten Führungsstilen, kein eigenes Führungskonzept. In den 1980er Jahren nahm die Unternehmenskultur einen immer höheren Stellenwert ein. Die Unternehmenskultur bringt das Selbstverständnis des Unternehmens in Form eines Leitbildes und verschiedener greifbarer und nicht-greifbarer Symbole zum Ausdruck. Das Leitbild dient als Botschafter der angestrebten Unternehmenskultur und gibt Auskunft darüber, welche Normen und Werte, Ziele und Visionen verfolgt werden und wie es von innen und außen wahrgenommen werden möchte. Aber auch greifbare Symbole, z.B. die dekorativen Bilder in den Gängen und die exklusiven Skulpturen in der Eingangshalle, der Firmenwagen etc. setzen ein Zeichen, wie ein Unternehmen wahrgenommen werden möchte. Mahlmann bezeichnet Symbole als „... *Kommunikations- und Differenzmedien, die Verhalten steuern."* (Mahlmann 2011: 126). Kommunikative Symbole sind Verhaltensweisen, sprachliche Äußerungen oder Interaktionen, die seitens der Führungskräfte vorgelebt werden (z.B. betriebliches Gesundheitsmanagement).

7 Führungsstil und Humor

Führung erfolgt durch Kommunikation, verbal oder nonverbal. Humor kann als Katalysator für Spaß, Erfolg und Motivation am Arbeitsplatz fungieren. Besonders in Gesundheits- und Pflegeeinrichtungen besteht die Herausforderung darin, diese personell und administrativ mit weniger Personal zu führen und dabei die Mitarbeitermotivation aufrecht zu erhalten, Personal zu finden und (möglichst langfristig) zu binden. Ein hohes Maß an Mitarbeiterzufriedenheit führt gleichzeitig zu einem hohen Maß an Kundenzufriedenheit. Dies wiederum ist der Ausgangspunkt für Unternehmen, wirtschaftlichen Erfolg zu sichern.

Die Gesellschaft zur Förderung des Humors in Therapie, Pflege, Pädagogik und Beratung (Humorcare I) legt in Artikel 2 ihrer ethischen Richtlinien folgendes fest: „Freiwillige Komik entsteht, wenn sich ein Mensch bewusst und gezielt auf kommunikative und aktionale Normverletzungen einlässt, die zu einem erheiternden Effekt führen. Dies setzt das Wissen um spezifische, kontrollierbare Techniken voraus, die grundsätzlich erlernbar sind, daneben aber aus Ausdruck individueller Kreativität und Schlagfertigkeit sind." (Holtbernd 2005: 230f.).

7.1 Humor im Unternehmen

Der Anfang des 21. Jahrhunderts ist geprägt von Globalisierung, Naturkatastrophen, Terror, Demographiewandel, Wirtschaftsflauten und Insolvenzen. Da scheint Humor an der falschen Stelle. Doch gerade in schwierigen Zeiten ist Humor ein wahres Lebenselixier. Immer mehr Unternehmer, Manager und Trainer setzen sich mit diesem Thema auseinander. Eine humorvolle Unternehmenskultur soll die Motivation und Bindung der Mitarbeiter stärken, den Kunden ein freundliches, kundenorientiertes Unternehmen aufzeigen und somit Kundenfreundlichkeit demonstrieren, die wiederum zu wirtschaftlichem Erfolg führt. Holtbernd führt in seinem Buch zehn Hardfacts für den Humor im Unternehmen auf (Abb. 6). Holtbernd geht davon aus, dass der Generationenwechsel in den Führungsetagen Auswirkung auf den Umgang mit Humor im Unternehmen hat. Ebenso kann Humor den Umgang zwischen verschiedenen kulturellen und religiösen Gruppen erleichtern. Durch den vermehrten Anteil von Frauen in Führungspositionen wird sich die Art der Witze und des Humors ändern, da Frauen ein größeres Harmoniebedürfnis aufzeigen. Auch der Übergang zu flachen Hierarchien beeinflusst den Umgang mit Humor und Witzen, so werden auch Führungskräfte offen zum Ziel von Spott und Witzen. Holtbernd geht von der Annahme aus, dass auch der Witz in Deutschland eine Veränderung erlebt hat und in diesen Zeiten eher hilfreich sein kann als Katalysator in Stresssituationen. Die Ergebnisse der Humorforschung, wenn auch nicht hundertprozentig belegbar, machen einen wichtigen Punkt in dieser Sammlung aus. Positive Haltungen und mehr Mut zur Veränderung kann in diesen Zeiten höherer Flexibilitätsanforderungen eine positive Auswirkung sowohl auf Mitarbeiter wie auch auf das Unternehmen selbst haben. Emotionen können besser kanalisiert werden, Konflikte besser bewältigt. Kundenbindung und unternehmerischer Gewinn können positive Folgen einer Humorkultur in Unternehmen sein. An dieser Stelle wird auch darauf hingewiesen, dass sich die Effekte des Humors auch in Unternehmen nicht zweifelsfrei messen lassen. Jedoch bewirkt ein offenes und humorvolles Arbeitsklima eine optimistische Einstellung zur Arbeit.

Phänomen	Hintergrund
Es wird selten gelacht	Fehlende Copingstrategien, Mobbing
Es gibt Anekdoten und Witze über Mitbewerber oder andere Berufsgruppen	Intellektueller Spaß, Abwehrstrategien
Es werden Anekdoten aus dem eigenen Betrieb / Team erzählt	Selbsterkenntnis
Es werden auch Externen Anekdoten und Witze aus dem eigenen Betrieb / Team erzählt	Bewältigung
Die Atmosphäre ist heiter und entspannt	Die Unternehmenskultur ist stimmig

Abbildung 10: Stufen des Humors in Unternehmen

(Quelle: Holtbernd 2005: 191)

7.1.1 Unternehmenskultur und Humor

Unternehmenskultur, oder Corporate Culture ist lt. Gabler Wirtschaftslexikon die Grundgesamtheit gemeinsamer Werte, Normen und Einstellungen, welche die Entscheidungen, die Handlungen und das Verhalten der Organisationsmitglieder prägen (wirtschaftslexikon.gabler.de/). Laufer fasst den Begriff als „Gesamtheit der ethischen Grundsätze des Unternehmens" zusammen (Laufer 2014: 46). Salzwedel / Tödter sagen „Was der Charakter, die Persönlichkeit für das Individuum ist, ist die Kultur für die Oragnisation." (Salzwedel / Tödter 2013: 9). Wesentliche Aspekte hierbei sind das Commitment und die Mitarbeiterführung. Sie bietet den Handlungsrahmen für die Unternehmenskommunikation, definiert die Grenzen zwischen dem Unternehmen und seiner Umwelt, wirkt Identitätstiftend, formt die Einstellungen und das Verhalten der Mitglieder, ermöglicht daher ein

Verpflichtungsgefühl und trägt somit maßgeblich zur Wahrnehmung von innen und außen und somit zum Image des Unternehmens bei. Zentrales Instrument ist das Unternehmensleitbild, welches eindeutig, unmissverständlich, motivierend, angemessen und kontrollierbar formuliert sein sollte, um eine einheitliche Vorgehensweise im ganzen Unternehmen sicherstellen zu können. Beobachtbare Aspekte der Unternehmenskultur finden sich in Ritualen, Symbolen, Achitektur, Kleidung (z.B. Uniformen, Dienstkleidung). Wie ausgeprägt diese Kultur im Unternehmen umgesetzt wird hängt vom Grad der Internalisierung des Leitbildes in die individuellen Werte und Normen der Mitarbeiter ab.

Eine humorvolle Unternehmenskultur zeigt nach außen ein positives Betriebsklima sowie eine hoffnungsvoll-optimistische Zukunft. Diese Punkte tragen dazu bei, dass ein Unternehmen menschlicher wirkt und die Arbeitszufriedenheit steigt. In Abbildung 11 finden sich zehn Punkte, zusammengefasst von Thomas Holtbernd, warum Humor in Unternehmen sinnvoll sein kann und ein Umdenken stattfinden sollte.

Generationenwechsel:
- junge Führungskräfte und Mitarbeiter möchten Spass
- Humor wird nicht als Gegenpol zur Ernsthaftigkeit gesehen
- Spaß als Kennzeichen eines modernen Lebensgefühls

Globalisierung:
- Notwendigkeit einer "leichten und ungefährlichen" Umgangsform
- ...or bietet die Möglichkeit "Umgangsfehler" unterschiedlicher Kulturen zu entschärfen
- ...n schafft eine universale Verständigungsmöglichkeit und stellt rasch eine Vertrauensbasis her

Frauen und Männer:
- Veränderung des Humors in Unternehmen durch steigenden Frauenanteil in Führungspositionen
- Herstellung einer konstruktiven und harmonischen Atmosphäre durch Humor

Flache Hierarchien:
- "gleichberechtigte" Witzkultur als Zeichen einer flachen Hierarchie

Humor in Deutschland:
- weniger belehrend und didaktisch
- Katalysator für Spaß, Motivation und Erfolg

Humorforschung:
- wichtige Erkenntnisse über positive Wirkung von Humor bei Stress
- Erkenntnisse über positive Auswirkung auf Kreativität
- Zusammenhang von Humor und Erfolg

Changemanagement und Perspektivenwechsel
- positive Haltung gegenüber Veränderungen durch Humor

Unternehmenskultur und Lebenskunst:
Ironie als skeptisch-optimistische Haltung bei Unsicherheit durch Veränderungen
- vertrauensvolle Kundenbindung
- Verminderung der Mitarbeiterfluktuation

Emotionalisierung
- emotionales Gleichgewicht stärken
- Stärkung des Selbstbewußtseins durch Selbstironie
- Vereinbarkeit von Sachlichkeit und Emotionalität

ökonomischeer Gewinn
- nicht belegbar
- Humor macht die ARbeit lebendiger und freudvoller

Abbildung 11: Zehn Hardfacts für Humor im Unternehmen

(Quelle: eigene, in Anlehnung an Holtbernd 2005: 17ff.)

„Es ist schlimm, in einem Unternehmen zu arbeiten, in dem es keinen Humor gibt. Aber noch schlimmer ist es, in einem Unternehmen zu arbeiten, in dem man Humor braucht." Mit diesem, ein wenig veränderten Zitat von Bertolt Brecht steigt Holtbernd in das Thema „Humor in der Unternehmenskultur" ein. Er folgert daraus, dass es schön ist in einem Unternehmen zu arbeiten, in dem es Humor gibt, es aber noch schöner wäre, wenn der Humor zur Unternehmenskultur gehören würde (Holtbernd 2003: 14). Humorcare e.V. bezieht sich auf seiner Website auf eine Befragung durch die Gallup Organisation von 2001, welche feststellte, dass „... nur 16% der Arbeitnehmer in Deutschland engagiert am Arbeitsplatz sind. The Gallup Organization errechnete aus diesem Tatbestand einen Schaden von 221 Milliarden € pro Jahr. 84% der Arbeitnehmer fühlen sich ihrem Unternehmen gegenüber nicht verpflichtet, fehlen häufiger, sind eher bereit den Arbeitgeber zu wechseln, empfehlen Produkte oder Dienstleistungen des eigenen Unternehmens nicht weiter, raten Freunden und Bekannten nicht, sich bei ihrem Unternehmen zu bewerben, entwickeln ein negatives Verhalten gegenüber den Mitmenschen aufgrund von Stress, haben kaum Karriereabsichten bei ihrem jetzigen Arbeitgeber und empfinden wenig Spaß an ihrer Arbeit." (http://www.humorcare.com /informationen/fachgruppen/humor-im-unternehmen/index.php).

Schinzilarz / Friedli meinen, dass Firmen und Organisationen Philosophien und Leitbilder brauchen, in denen die Humorphilosophie und deren ethische Umsetzung vorgedacht und umgesetzt werden. Sie führen tiefgreifende und nachhaltige Veränderungen als Gründe für mehr Produktivität, Leistung und Qualität an (Schinzilarz / Friedli 2013: 153).

Holtbernd interpretiert Forschungsergebnisse und bezieht sich dabei auf die Arbeit von Bollinger und Lustenberger „Humor in der Sozialen Arbeit" von 2001 folgendermaßen (Holtbernd 2005: 26):

- Gespräche werden lebendiger

- Eine hilfreiche Distanz wird aufgebaut

- Leichtigkeit wird hergestellt

- Eine gute Atmosphäre entsteht

- Es wird zum Nachdenken angeregt

- Die Situation wird aufgelockert

- Eine Entspannung wird erzeugt

- Eine offenere Gesprächssituation wird hergestellt

- Eine höhere Aufmerksamkeit entsteht

- Die Gleichwertigkeit wird gefördert

7.1.2 Humor in Gruppen

Der Pschyrembel definiert eine Gruppe als eine: „von Menschen gebildete soziale Einheit. Auf die Gruppenbildung wirken stets die untergeordnete Ebene der Individuen und die übergeordnete Ebene des sozialen Kontexts gemeinsam ein. Im Verlauf von Gruppenbildung und -prozess strukturieren und verfestigen sich die verschiedenen Beziehungen zwischen den Mitgliedern zur Gruppenstruktur." (https://www.pschyrembel.de/Gruppe/T01VF/doc/). Das Gabler-Wirtschafts-lexikon bezeichnet Gruppen als soziales Gebilde von drei bis 25 Personen, die über längere Zeit miteinander ein gemeinsames Ziel verfolgen, in einem kontinu-ierlichen Kommunikations- und Interaktionszusammenhang stehen, ein „Wir-Gefühl" bilden und gruppenspezifische Rollen, Normen und Werte ausbilden (http://wirtschaftslexikon.gabler.de/Definition/gruppe.html). Comelli / von Ro-senstiel fügen den bereits aufgezählten Merkmalen noch die Punkte bestimmte zeitliche Dauer, gemeinsames affektives Erleben, Vorhandensein von Strukturen sowie gemeinsame Wertvorstellungen, Interessen und Ziele hinzu (Comelli / von Rosenstiel 2009: 156-157).

Ridder zeigt anhand der Hawthorne Experimente, dass „... die Annahme, wonach Arbeit eine Individualleistung darstellt und daher im Wesentlichen von persönli-chen Motiven bestimmt und durch Arbeitsbedingungen beeinflusst wird, nicht stimmig ist." (Ridder 2015: 42). Im Experiment wird nachgewiesen, dass soziale Beziehungen und Gruppennormen die Leistung in hohem Maß beeinflussen. We-sentliche Einflussfaktoren auf die Gruppenkohäsion sind die Interaktionshäufig-keit, Attraktivität und die Homogenität der Gruppe.

Gruppen unterliegen einer Dynamik, entwickeln sich stets weiter. Diesen Prozess nennt Schwarz den „Reifeprozess" einer Gruppe, und glaubt, dass dieser Reifepro-zess am besten mit Humor gelingt. Hierbei spielt Vertrauen eine wesentliche Rol-le. Humor kann dazu beitragen, dass Unterschiede der einzelnen Gruppenmitglie-der besser akzeptiert werden, zum Beispiel werden Vorschläge besser angenom-men und akzeptiert, wenn man in der Gruppe humorvoll miteinander umgehen kann. *„Die Relativierung der Konkurrenzsituation durch den Humor ermöglicht oft erst die Akzeptanz eines Anderen oder eines Besseren."* (Schwarz 2015: 92). Schwarz weist an dieser Stelle auch darauf hin, dass nicht nur Andere oder Besse-re akzeptiert werden, sondern auch der Umgang mit den Macken und Eigenheiten der einzelnen Personen einfacher wird. Dies wiederum führt zu weniger Konflik-ten, der Zusammenhalt der Gruppe wird gestärkt. Schwarz führt an dieser Stelle das Beispiel des Gruppenprozesses an, um die Möglichkeiten einer humorvollen Intervention in schwierigen oder festgefahrenen Situationen aufzuzeigen. Aus-gangspunkt ist eine Teamsituation, zwischen zwei Personen besteht ein Konkur-renzverhalten. In einer lösungsorientierten Teambesprechung (1) kommt es er-neut zum Konflikt (Widerspruch) zwischen den beiden Beteiligten (2). Hier kann der Moderator die Situation ansprechen (3) und humorvoll intervenieren. Dies kann auch eine Einbeziehung der anderen Gruppenmitglieder bedeuten. Die Gruppe kann das Verhalten der beiden Mitarbeiter interpretieren (5). Reagiert die Gruppe entsprechend, kann sich die Situation in der nächsten Besprechung verändern und der Kreislauf beginnt von vorn (6/1). Reagiert die Gruppe jedoch nicht, besteht die Möglichkeit einer weiteren humorvollen Intervention. Geht die Gruppe nicht auf die gegebenen Möglichkeiten ein, wird sich das Verhalten der beiden konkurrierenden Mitarbeiter mit hoher Wahrscheinlichkeit wiederholen. Die Leistung der Führungskraft liegt nach Schwarz darin, *„jeweils einen Anstoß zu geben, dass die nächste Stufe erreicht wird.* (Schwarz 2015: 96ff).

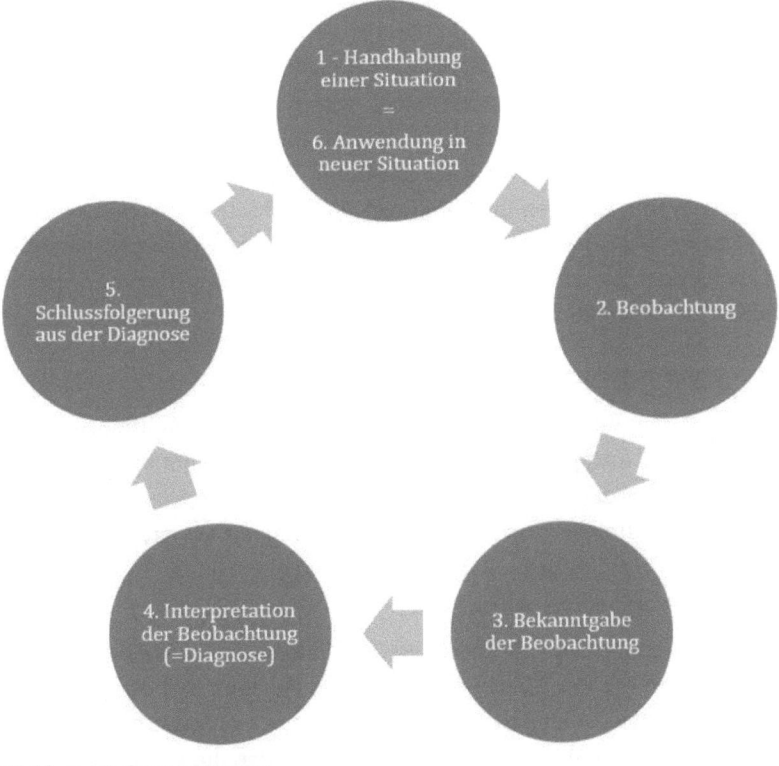

Abbildung 12: Gruppenprozess

(Quelle: Schwarz 2015: 97)

Humor in der Gruppe kann sich zum einen auf eine andere Gruppe projizieren. Die Merkmale der „Feindgruppe" werden ad absurdum geführt, es wird darüber gelacht. Dieses gemeinsame Lachen stärkt das Zusammengehörigkeitsgefühl und dient der Abgrenzung zu anderen Gruppen. Holtbernd bezieht sich an dieser Stelle auf eine Befragung der Forschungsgesellschaft Arise bei Beschäftigten: *„... 81% der Befragten gaben an, dass sie sich am liebsten durch ein humorvolles Gespräch mit Kollegen entspannen."* (Holtbernd 2005: 144). Er zieht daraus die Schlussfolgerung, dass sich die Mitarbeiter bei solchen Gesprächen ohne Leistungs- und Konkurrenzdruck als Teil der Gruppe fühlen.

Aber auch innerhalb der Gruppe kann Humor seine Wirkung entfalten. Siegel meint, dass es eines gewissen Maßes an Kreativität bedarf, um humorvoll sein zu können *„um den Rahmen des Gewöhnlichen und des Vorhersehbaren zu sprengen."* (Siegel 2005: 30). Auch Holtbernd meint, dass Komik und Kreativität unbedingt zusammenhängen und sieht die daraus entstehende Kreativität als Ausgangspunkt für langsame Veränderungen sowie eine bessere Akzeptanz der Veränderungsprozesse. Dorothea Fiechter stellt Aggressionen und Humor gegenüber und erklärt, wie Aggressionen humorvoll umgewandelt werden. Ausgangspunkt ist die Annahme, dass mit Aggressionen bestimmt Ziele erreicht werden sollen, beispielsweise die Verschaffung von Raum, Aufmerksamkeit, Weite, Selbstschutz oder Distanz. So kann der Wunsch nach Aufmerksamkeit oder Distanz freundlich, in aufrechter Körperhaltung und mit ruhiger Stimme kommuniziert werden. (Schinzilarz / Friedli 2013: 234).

7.1.3 Humor in Hierarchien

Humor in Hierarchien ist ein besonders sensibles Thema. Ursprünglich ist das Lachen in der Gruppe ein Versuch, eine gemeinsame Emotionalität zu erreichen. Es soll den Zusammenhalt der Gruppe stärken. Jedoch kann es, wie bereits beschrieben, auch dem Ausschluss einzelner Personen aus einer Gruppe oder zur Abgrenzung von Gruppen untereinander dienen. Dieser destruktive Ansatz ist in Hierarchien besonders zu beachten.

Die Anforderungen an Führungskräfte und Mitarbeiter in den Unternehmen wandeln sich. Die meisten Führungskräfte gelten als humorlos, häufig aus Angst vor einer verzerrten Außendarstellung und aufgrund der Angst vor dem Verlust der Seriosität. In allen Abhängigkeitssituationen werden die Abhängigen irgendwann versuchen, sich gegen Autoritäten zu wehren und, wenn möglich, die Abhängigkeit umzudrehen oder wenigstens die Autorität des Führenden zu untergraben. Diese Phase durchlaufen Gruppen in ihrem Reifungsprozess. Der Witz am Stammtisch über den Chef wird zum Gradmesser der gefühlten Unterdrückung. Er kann von harmlos bis aggressiv reichen. Die Schwächen der Vorgesetzten sind besonderes Augenmerk der Mitarbeiter, und je mehr diese tabuisiert und herunterge-spielt werden, umso größer ist die Lust der Mitarbeiter sich über diese lustig zu machen. Witze oder lustige Bemerkungen über die Führungsperson untergraben deren Autorität, stellen die Führungsperson als solche in Frage. Ein Vorgesetzter mit viel Selbstironie kann diesem jedoch wirkungsvoll entgegentreten und aus den destruktiven Lachern der Mitarbeiter konstruktive werden lassen. Vorgesetz-te, die mit ihren Mitarbeitern lachen, zeigen sich emotional zugehörig und können destruktiven Tendenzen entgegenwirken.

Durch immer komplexer werdende Rahmenbedingungen in Unternehmen ist eine wachsende Flexibilität und Anpassungsfähigkeit seitens der Mitarbeiter gefragt, besonders im Rahmen des selbständigen Denkens und Handelns. Hier entsteht ein Widerspruch zur hierarchischen Struktur. Auch die Anforderungen an die Ko-ordination und die Zentralisierung komplexer Strukturen wird immer höher. Die-se Situationen führen zu Unsicherheiten seitens der Führungskräfte und der Mit-arbeiter. Humor kann hier ein Ventil sein, kritische Situationen anzugehen und dabei Sicherheit zu gewinnen. Andererseits kann Humor Hierarchien festigen, indem er als destruktive Variante (der Vorgesetzte, der seinen Mitarbeiter voller Sarkasmus und Zynismus tadelt und in dem Mitarbeiter so ein Minderwertig-keitsgefühl auslöst) angewandt wird.

Schwarz verweist auf die soziologische Forschung und geht auf den Vergleich von familiären Strukturen in Hierarchien ein. Die Vorgesetzten sehen sich als Eltern-teil, welchem man vertrauensvoll begegnen kann, welches aber auch die Autorität besitzt, das Kind zu anzuweisen. Die Mitarbeiter werden in der Rolle der Kinder gesehen, die sich dem Willen der Eltern zu beugen haben. Hier kann der Humor zur Konfliktbewältigung viel beitragen, sofern er nicht verletzend als aggressiver Humor eingesetzt wird. Im Gegenteil, Humor kann an dieser Stelle helfen, Aggres-sionen nicht persönlich zu nehmen. Der Vater oder die Führungsperson muss er-kennen, dass sich die „Rebellion" lediglich gegen die Funktion der Führungsper-son bzw. des Vaters richtet (Schwarz 2015: 75ff).

Für Führungskräfte ist zum Gelingen von Humor im Unternehmen auch das Kon-zept der emotionalen Intelligenz von Goleman interessant. Goleman veröffentlich-te sein Werk 1995. Darin wertet er verschiedene amerikanische Studien aus und kommt zu dem Ergebnis, dass nicht der Intelligenzquotient (IQ) den höchsten be-ruflichen Erfolg zu erwarten lässt, sondern der Emotionale Quotient (EQ). Der Emotionale Quotient ist die Summe der emotionalen Kompetenzen einer Person. Die fünf Komponenten des EQ sind Selbstwahrnehmung, Selbststeuerung,

Selbstmotivation, Empathie und soziale Kompetenz. Im Gegensatz zum IQ ist der EQ erlernbar. Emotionale Intelligenz ist das Ergebnis von Erziehung, Erfahrungen und sozialer Anpassungsfähigkeit.

7.1.4 Humor im Konfliktmanagement

Ein Konflikt ist ein Prozess der Auseinandersetzung, der auf unterschiedlichen Interessen von Individuen und sozialen Gruppierungen beruht und in unterschiedlicher Weise institutionalisiert ist und ausgetragen wird. Birchler bezeichnet den Konflikt als eine *„Interaktion, bei der zwei Peronen (oder Gruppen) etwas unterschiedlich fühlen, wahrnehmen oder denken und sich dadurch in ihrer Persönlichkeit angegriffen fühlen. Der Konflikt verlässt die sachliche Ebene, um auf der subjektiven Ebene seinen Fortgang zu suchen und nicht selten im Streit sein Ende zu finden."* (Birchler 2007: 34). Konflikte sind meist sehr emotional und können ungelöst viel Schaden anrichten. In allen Teams sind Konflikte an der Tagesordnung. Sie beruhen meist auf unterschiedlichen Informationen, der unterschiedlichen Bewertung gleicher Informationen, unterschiedlicher Wahrnehmung von Situationen, hoher emotionaler Belastung oder dem Gefühl, durch den jeweils anderen bei der Verfolgung der eigenen Ziele behindert zu werden. Werden Konflikte zu lange ignoriert und / oder nicht angemessen geregelt, laufen sie Gefahr irgendwann zu eskalieren oder sich zu manifestieren. Hat sich ein Konflikt manifestiert, wird eine Lösung immer schwieriger. Ein schlechtes oder gänzlich fehlendes Konfliktmanagement führt zu Verlust von Zeit und Kosten, und zu erhöhter Arbeitsunzufriedenheit. Ein zielgerichtetes Konfliktmanagement kann für ein Unternehmen positive Auswirkungen haben, da Konflikte auch zu neuen Ideen führen, die wiederum zu positiven Veränderungen im Unternehmen führen können. Eine konstruktive Konfliktlösung ist für Unternehmen und Team somit unerlässlich. Grundlagen hierfür sind das Signalisieren von Verhandlungsbereitschaft und Verständnis für die „andere Seite" zeigen. Birchler definiert einen Kompromiss als *„... eine gute und hilfreiche Form, den Alltag möglichst konfliktfrei zu gestalten, und basiert auf gegenseitiger Übereinkunft."* (Birchler 2007: 48). Doch Kompromisse sind nicht immer die Lösung, manchmal bedarf es kreativer Lösungsansätze.

Eine humorvolle Intervention kann dazu beitragen, Spannungen zu reduzieren. Holtbernd erklärt, dass humorvolle Menschen Witze mit einem klaren Aufbau und eindeutiger Pointe mögen und schließt daraus, dass diese Menschen ebenso mit Veränderungen umgehen: klarer Ablauf und eindeutiges Ergebnis (Holtbernd 2005: 83). Humor kann im Rahmen von Konfliktlösungsprozessen dazu beitragen, einen Perspektivwechsel herbeizuführen und somit den Umgang mit schwierigen (Konflikt-)Situationen zu erleichtern. Eine wichtige Rolle hierbei ist die Fähigkeit zur Selbstdistanzierung.

Im Konfliktmanagement macht die Art des Humors einen besonderen Stellenwert aus. Schwarz beschreibt eine Umfrage von Christian Müller (2005), bei der sich 50% der Antwortenden Mediatoren bestätigten, dass humorvolle Interventionen sich besonders gut zum Schaffen einer positiven Atmosphäre, zum Lösen von Blockaden oder gar zum Perspektivwechsel äußerst hilfreich sind (Schwarz 2015: 98). Siegel merkt an, dass „... *trotz des Humors die* Schwierigkeiten dieselben bleiben, nur der Umgang mit ihnen ändert sich." (Siegel 2005: 29).

7.1.5 Möglichkeiten und Grenzen eines humorvollen Führungsstils

Delic zeigt in ihrer Untersuchung auf, dass ein guter und positiver Humor im Führungsalltag auf ein positives Menschenbild seitens der Führungskraft hinweist. In ihrer Studie weist sie nach, dass Humor seitens der meisten Mitarbeiter als positives Merkmal eingeschätzt wird, welches die Motivation erhöht, Stress und die Anzahl der Ausfalltage senkt, Vertrauen erhöht, bereichert und zum Perspektivwechsel führen kann (Delic 2015: 59). In ihrer Untersuchung konnte Delic keinen eindeutigen Nachweis einer direkten Auswirkung von humorvoller Führung auf die Motivation erbringen, führt dies aber auf die Tatsache zurück, dass Humor in Unternehmen, besonders in den Chefetagen noch nicht etabliert ist, obwohl dieses Thema an Bedeutung gewinnt. Als Schwierigkeit führt die das Problem auf, dass sich Humor als Erfolgsfaktor schwerlich messen und abbilden lässt (Delic 2015: 50).

Mitarbeiter können einen humorvollen Führungsstil sehr unterschiedlich wahrnehmen. Besteht keine Vertrauensbasis zwischen Vorgesetztem und Mitarbeiter, kann eine humorvolle Bemerkung eher schaden als nützen. Fühlen sich Mitarbeiter nicht ausreichend wahrgenommen und unterstützt, kann es in der Anwendung humorvoller Interventionen zu Missverständnissen kommen. Der Mitarbeiter ist dann eher frustriert und ärgerlich, der Humor verliert seine auflockernde und stresslindernde Wirkung. Fehlendes Vertrauen, Missverständnisse und das Gefühl, nicht ernst genommen zu werden in den eigenen Sorgen und Nöten führt zu Unzufriedenheit seitens der Mitarbeiter. Diese Unzufriedenheit wirkt sich ebenfalls auf das Team und Kunden aus und kann somit auch negative Auswirkungen auf den Unternehmenserfolg haben. Die Gesellschaft zur Förderung des Humors in Therpie, Pflege, Pädagogik und Beratung fassen Möglichkeiten und

Grenzen von Humor in Unternehmen folgendermaßen zusammen (Abb.13) (http://www.humorcare.com/informationen/fachgruppen/humor-im-unternehmen/index.php):

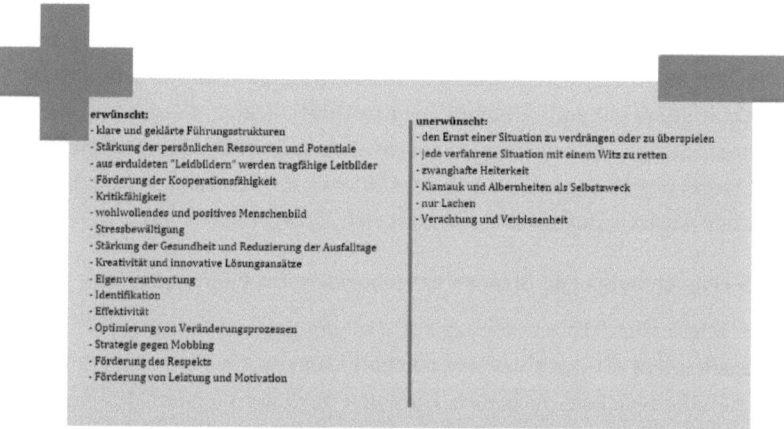

Abbildung 13: erwünschte und unerwünschte Formen von Humor in Unternehmen

(Quelle: Humorcare.de)

7.2 Vorteile einer Humorkultur

„Den Begriff Emotionomics habe ich geprägt, um die Bedeutung der Emotionen in der Wirtschaft zu unterstreichen." (Dan Hill 2010:15).

Delic weist in ihrer Studie nach, dass Humor im Leben der meisten Menschen einen hohen Stellenwert einnimmt. Die betrifft sowohl die private, wie auch die berufliche Ebene, insbesondere in Konflikt- und Stresssituationen. (Abb. 14).

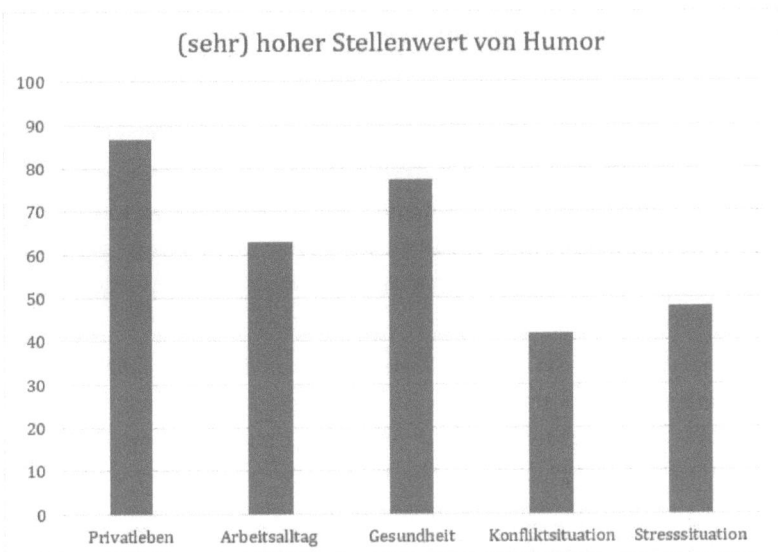

Abbildung 14: Verteilung des (sehr) hohen Stellenwertes von Humor

(Quelle: Delic 2015: 50)

Eine Humorkultur kann jedes Unternehmen, egal wie groß oder klein, entwickeln. Diese Kultur hat Auswirkungen auf die einzelnen Mitarbeiter, das Team, die Einrichtung insgesamt und natürlich auch auf die Bewohner und Patienten.

Der einzelne Mitarbeiter ist häufig doppelt belastet, durch familiären und beruflichen Stress. In einer humorvollen Umgebung ist es ihm möglich, Abwechslung von der Routine zu bekommen, Stress und Belastungen besser bewältigen zu können und sich und die Kollegen besser kennenzulernen.

Durch den humorvollen Umgang werden im Team langfristig neue Werte etabliert. Der Teamzusammenhalt wächst, ebenso die Kreativität. Die allgemeine Stimmung bessert sich und der Alltag wird aufgewertet.

Für die Einrichtung oder das Unternehmen kann eine positive Ausstrahlung zu positiven Bewertungen durch Kunden führen. Denn auch die Kunden spüren, gerade im Dienstleistungsbereich, wenn im Haus eine gute Stimmung herrscht, freundlich miteinander umgegangen wird und die Mitarbeiter offensichtlich gern dort arbeiten.

Für die Patienten und Bewohner hat dieses Konzept ebenfalls positive Auswirkungen. Sie werden überrascht und von ihrer Krankheit, ihren Sorgen und Nöten abgelenkt. Ängste werden abgebaut. Dies stärkt das Vertrauen und die Verbundenheit. Die Patienten und Bewohner fühlen sich geborgen und gewinnen an Zuversicht.

7.3 Humor in der Kranken- und Altenpflege

Humor in Pflegeberufen, im Gesundheitswesen allgemein ist ein sehr aktuelles Thema. Die Wissenschaft beschäftigt sich seit einigen Jahren vermehrt dieser Problematik. Wie schon im letzten Kapitel erwähnt tut sie das jedoch zumeist aus der Sicht des positiven Humors.

In Krankenhäusern und Wohnheimen für alte und pflegebedürftige Menschen wirkt Humor auf den ersten Blick fehl am Platz, da man diese Einrichtungen in erster Linie mit Krankheit, Leid und Angst in Verbindung bringt. Auf den zweiten Blick jedoch ändert sich das Bild. Eine freundliche und entspannte Atmosphäre ist ein wichtiges Aushängeschild für solche Einrichtungen.

Wegbereiter der Humorkultur im Gesundheitswesen ist der amerikanische Arzt Dr. Hunter, besser bekannt als „Patch Adams". Sein Wirken in den 1970er Jahren basierte auf dem Sprichwort „Lachen ist die beste Medizin." und wurde bereits verfilmt. Mit ungewöhnlichen Methoden brachte er seine Patienten zum Lachen. Mit seiner roten Clownsnase, die er stets bei seinen Visiten trug, gegründete er die Tradition der Klinikclowns. Diese Idee kam in den 1990er Jahren nach Europa und fasste hier Fuß. Heute gibt es neben den Klinikclowns auch die Sparte der Gericlowns, die sich im Besonderen um alte und hochbetagte Menschen sorgen und ihre Arbeit vorwiegend in Einrichtungen der Altenpflege verrichten.

Im Umgang mit Patienten und Bewohnern ist viel Fingerspitzengefühl gefragt. Wichtig im Umgang miteinander ist, die Werte und Grenzen des Gegenübers zu respektieren. Eine positive humorvolle Intervention oder Bemerkung lässt für einen Moment alle Sorgen, Ängste und Beschwerden vergessen und verschafft ein Glücksgefühl. Zimmer beschreibt die gesundheitsfördernde Wirkung von Lachen folgendermaßen: *„Lachen ist ein Antidepressivum, Schmerzmittel, Entspannungstraining und Atemtraining und Immunstimulans zugleich und all das ganz ohne Nebenwirkungen."* (Zimmer 2012: 8). Humor macht es möglich, eine warme und fürsorgliche Atmosphäre zu schaffen, gemeinsam zu lachen und Stresssituationen zu bewältigen.

Im Teamalltag können stressige Situationen, welche häufig durch vermehrten Arbeitsaufwand und Personalmangel entstehen, besser ertragen und ausgehalten werden. Der Zusammenhalt im Team wird durch gemeinsames Lachen gefestigt

Den Möglichkeiten von Humorinterventionen sind kaum Grenzen gesetzt. Wichtig ist, den Humor dosiert einzusetzen und herauszufinden, welche Interventionen bei welchem Kollegen oder Patienten / Bewohner greifen. Humorinterventionen können spontan im Alltag entstehen oder für die Einrichtung geplant umgesetzt werden, zum Beispiel Konzerte, Lesungen, Ausstellungen mit humorigen Bildern oder das Schauen eines lustigen Filmes. Die Möglichkeiten sind so vielfältig wie das Humorempfinden der Menschen. Die häufigste und einfachste Form ist ein Lächeln. Es verbindet und gibt beiden Seiten ein gutes Gefühl. Denn: auch – oder besonders – bei alten und hochbetagten Menschen können Spaß und Freude die Lebensqualität erheblich steigern.

Damit Humor in der Pflege gelingen kann, sollte die Pflegekraft selbst über genügend Humor verfügen und sich ihres Humorstils und dessen Wirkung auf andere bewusst sein. Dies kann durch Rückmeldung von Kollegen und / oder Kunden geschehen. In jeder Situation gilt es abzuwägen, ob eine humorvolle Intervention angebracht ist, denn der Kunde soll sich auch ernst genommen fühlen. Eine weitere entscheidende Komponente ist die Beziehung zwischen Pflegekraft und Kunden. Diese sollte von Wertschätzung auf beiden Seiten geprägt sein. *„Humor ist keine Pille, die verschrieben werden kann. Humor muss vom Helfer selbst „verabreicht werden", als wäre es „ein Stück von ihm". Jede humorvolle Bemerkung, die im Rahmen einer Behandlung gemacht wird, muss die aktuelle Situation ... und die aktuelle Auffassungsgabe eines Patienten genauso berücksichtigen wie dessen emotional-kognitive Reife."* (Hirsch 2002: 41; zitiert aus Siegel 2005: 49). In jedem Fall sollte der Patient / Bewohner selbst entscheiden, ob er mit Humor behandelt werden möchte oder nicht. Eine verbale oder nonverbale Ablehnung muss in jedem Fall akzeptiert werden. Auch stoßen humorvolle Interventionen dort an ihre Grenzen, wo die verbale und / oder nonverbale Kommunikation begrenzt ist, beispielsweise komatöse Patienten oder Menschen aus anderen Kulturkreisen (Sprachbarriere).

Ausgehend von Antonovskys salutogenetischem Ansatz kann Humor ein salutogenetischer Ansatz sein kann, insbesondere im Pflegebereich. So kann positiver Humor den Teamgeist beflügeln und dabei helfen, mit den ungünstigen Bedingungen in Hinsicht auf Krankheit, Tod der Pflegebedürftigen und der meist eher schlechten Arbeitsbedingungen (Zeitdruck, schlechte Ausstattung usw.) umzugehen. In diesem Sinne kann sich Humor positiv auf das Gesundheitsempfinden auswirken können. Dies hängt aber sehr stark vom Humorverständnis aller Beteiligten und einem sensiblen, kultursensiblen Umgang damit ab. Eine Kultur von negativem Humor im Team kann sich auch gegenteilig auswirken und zu weniger Arbeitszufriedenheit, vermehrtem Unmut und im schlimmsten Fall sogar zum Mobbing einzelner Personen führen.

In Artikel 1 der ethischen Richtlinien der Gesellschaft zur Förderung des Humors in Therpie, Pflege, Pädagogik und Beratung steht: „Der Humor stellt ein komplexes Phänomen dar, das kognitive, affektive und physiologische Aspekte einbezieht. Humor führt u einer Erheiterung, die sich im Lächeln und Lachen äußern kann, wodurch sich auch kommunikative Auswirkungen ergeben. Humor kann immer dann entstehen, wenn sich „komische" Normverletzungen ergeben, die einen vorgegebenen Bezugsrahmen sprengen. Geschieht dies unfreiwillig (wie im Fall körperlicher, geistiger oder psychischer Behinderung), kann dies zu beschämenden, peinlichen Konsequenzen führen. Gerade psychisch kranke Menschen verhalten sich häufig unfreiwillig komisch. Sie können dadurch zu Objekten der Lächerlichkeit und zur Zielscheibe eines destruktiven, „schwarzen" Humors (Ironie, Sarkasmus, Zynismus) werden." (Holtbernd 2005: 230).

7.4 Möglichkeiten der Umsetzung eines Humorkonzeptes

Die Installation eines nachhaltigen Humorkonzeptes kann durch eine gute Planung und die Einbindung aller Mitarbeiter gelingen. Für die Einführung eines Humorkonzeptes gelten die gleichen Verfahrensweisen wie bei jeder anderen Veränderung. Am besten gelingt die Umsetzung mittels eines Projektes, in welches nach Möglichkeit interessierte Mitarbeiter einbezogen werden sollten. Wichtig ist die Definition eines konkreten Zieles. Nach Möglichkeit können die Philosophie des Hauses und die Kompetenzen der Mitarbeiter einbezogen werden. Die Umsetzung sollte transparent kommuniziert werden. Anregungen können von den Mitarbeitern selbst gesammelt werden. Unterstützung bieten auch Humorvereine und -institutionen. Zudem besteht die Möglichkeit zur Kontaktaufnahme mit Einrichtungen, die bereits ein Humorkonzept eingeführt haben, um sich Rat zu holen und Erfahrungen auszutauschen. Auch Schulungen für Mitarbeiter bieten sich an, um das Konzept ganzheitlich zu gestalten und möglichst alle Mitarbeiter einzubinden. Beginnen sollte die Umsetzung mit möglichst einfachen Aktionen, die nur ein sehr kleines Risiko bergen. Um die Nachhaltigkeit zu sichern sollten das Konzept und die Aktionen regelmäßig evaluiert werden.

Das Universitätsklinikum Münster begann bereits 1992 ein Kulturprojekt. Die Maßnahmen reichen von Ausstellungen über Theaterprojekte und Konzerte und schließen auch regelmäßige Besuche der Klinikclowns ein. Nicht alle Maßnahmen sind mit Humor verbunden, es gibt auch Projekte darunter, die eher nachdenken lassen. Wichtig für die Verantwortlichen war es, die Patienten ihre Sorgen und Nöte für eine Weile vergessen zu lassen. Da hat Humor ganz selbstverständlich seinen Platz. „Humor findet hier eine Haltung zum Leben und zum Sterben. Diese Haltung, die Art und Weise, das Leben zu nehmen, ist eher von Gelassenheit gekennzeichnet als von Verzweiflung, eher von der Akzeptanz der eigenen Begrenztheit als dem Hadern um verfehlte Möglichkeiten." (Zimmer 2012: 58).

8 Fazit und Ausblick

Motivation ist ein Prozess, der ausgehend von einem Motiv eine Handlungskette in Gang setzt. Die Motive können bewusst oder unbewusst gebildet werden. Dies führt zu kognitiv gut durchdachten oder affektiven Handlungen, abhängig von Motiv. Verschiedenste Theorien versuchen die Grundlagen der Motivation zu erklären. Motivation ist eng verknüpft mit Emotionen. Emotionen sind häufig kurzlebig und affektiv. Aufgrund der Affektivität sind sie kaum zu steuern.

Humor und Lachen können positive Emotionen auslösen. Positive Emotionen können Motivation auslösen oder verstärken. Besonders in sehr stressigen und anstrengenden Situationen können positive Emotionen zu einer besseren Stressbewältigung beitragen. Der Stress wird durch das Auslösen positiver Emotionen nicht automatisch abgebaut oder verflüchtigt sich, aber es führt zu einem geringeren Belastungsempfinden.

Humor ist eine Ressource zur Bewältigung schwieriger Lebenslagen und Stresssituationen. Freud bezeichnet Humor als eine seelische Grundhaltung und Ausdruck des menschlichen Reifeprozesses. Aufbauend auf Antonovskys Konzept der Salutogenese kann Humor ein wirksames Mittel sein, um das Gesundheits-Krankheits-Kontinuum in Richtung Gesundheit zu beeinflussen. Ausschlaggebend dafür ist das Kohärenzgefühl. Jeder Mensch hat die Anlagen, um humorvoll zu sein, jedoch fällt es nicht jedem Menschen gleich leicht oder schwer. Einig sind sich die verschiedenen Autoren in der Tatsache, dass der eigene Humor aktiviert, eine humorvolle Lebenseinstellung erlernt werden kann. Humor kann die Lebensqualität erhöhen, indem er als Mittel zum Umgang mit Widersprüchen und Fehlleistungen zur Erheiterung beiträgt und hierdurch zur Konfliktschlichtung, Schutz vor Verzweiflung und zur Erleichterung der Lebensbewältigung beiträgt.

In Unternehmen spielt der Humor derzeit noch kaum eine Rolle, teilweise ist er sogar unerwünscht. Die meisten Autoren sind sich jedoch darin einig, dass eine Humorkultur im Unternehmen dazu führen kann, dass Mitarbeiter mehr Spaß an der Arbeit haben, motivierter sind und bessere Leistungen erbringen. Humor im Unternehmen kann helfen, Mitarbeiter für Veränderungsprozesse zu gewinnen und die Kreativität bei Problemlösungsstrategien zu steigern. Mitarbeiter, die sich im Unternehmen wohl fühlen sind zufriedener und neigen weniger zur Fluktuation. Das Gefühl, entstehendem Frust und Ärger ein positives Ventil bieten zu können, um Stresssituationen besser auszuhalten, überträgt sich auf das allgemeine Arbeitsklima, auf interne und externe Kunden. Eine hohe Mitarbeiterzufriedenheit wirkt sich positiv auf die Kundenzufriedenheit aus, dies gilt im Besonderen in Dienstleistungsunternehmen. Flache Hierarchien sind bei humorvollen Interventionen hilfreich.

Humor im Team kann helfen, schwierige Situationen zu meistern und Konflikte zu lösen oder gar zu vermeiden. Die Eigenarten der anderen werden besser toleriert, wenn man sie mit Humor betrachtet. Das gemeinsame Lachen stärkt das Zusammengehörigkeitsgefühl und grenzt das Team gegen andere Teams ab. Wichtig für ein gutes Gelingen ist es, den Humorstil und die Werte der Gegenüber zu kennen und zu respektieren. Denn die Formen von Humor sind so vielfältig wie die Menschen, oder in dem Falle Mitarbeiter, selbst. *„Humor könnte – richtig und sensibel eingesetzt, um Missverständnisse zu vermeiden – als wichtiges Element in der zwischenmenschlichen Kommunikation die Vertrauensbasis zusätzlich stärken und verbessern.“* (Delic 2015: 58).

Fühlen sich die Mitarbeiter im Unternehmen wohl, stärkt sich die Bindung zum Unternehmen, innere Kündigungen werden reduziert, die Fluktuationsrate sinkt. Mitarbeiter die in ihrer Arbeit wertgeschätzt fühlen und Vertrauen zu ihren Führungskräften haben, sind motivierter und engagieren sich mehr. Ein hohes Engagement der Mitarbeiter, die Spaß und Freude an der Arbeit haben führt auch zu einer höheren Qualität der Arbeit, da die Leistungs- und Lernbereitschaft wächst. Zufriedene Mitarbeiter, die lächeln und positive Energie versprühen führen zu einer höheren Kundenzufriedenheit. Zufriedenere Kunden geben wiederum positives Feedback und dies wiederum zu zufriedeneren Mitarbeitern. Mitarbeiter- und Kundenzufriedenheit sind eng miteinander verknüpft und bedingen sich gegenseitig.

Aufgabe der Führungskräfte ist einerseits mit Hilfe der Mitarbeiter die Unternehmensziele und den wirtschaftlichen Erfolg des Unternehmens zu sichern, andererseits die Fürsorgepflicht für die Mitarbeiter. Häufiges Einspringen und viele Überstunden führen zu Überlastung und Pflegefehlern. Diesem entgegenzuwirken ist ebenfalls Aufgabe der Führungskraft. In erster Linie ist die Motivation der Mitarbeiter ein Hauptaugenmerk zur Sicherung der Pflegequalität.

Hinsichtlich der Mitarbeiter bestehen die Aufgaben der Führungskraft darin, die Mitarbeiter zu motivieren und nach Möglichkeit zu binden. Sie sollen ein Vorbild sein, an dem sich die Mitarbeiter orientieren. Humorvolle Interventionen können zur Stärkung des Teamgefühls beitragen, ebenso zu einer positiven Einstellung der Mitarbeiter zum Unternehmen. Vorbild sein heißt in diesem Fall: humorvolle

Interventionen zulassen, aber den Mitarbeitern gleichzeitig das Gefühl geben, dass sie ernstgenommen werden.

Die Arbeitssituation in der Alten- und Krankenpflege ist in ambulanten, teilstationären und stationären Einrichtungen zunehmend geprägt von Personalmangel, Zeitdruck und Stress. Diese Faktoren führen zu Gefühlen der Überlastung, Qualitätsmängeln, Mitarbeiterunzufriedenheit und häufig zu einer hohen Fluktuations- und Krankenrate. Führungskräfte in diesem Bereich stehen oft im Zwiespalt zwischen wirtschaftlichem Arbeiten und den Ansprüchen der Kunden, Angehörigen und den Kontrollorganen (z.B. MDK).

Besonders im Bereich der Alten- und Krankenpflege ist Kommunikation ein wichtiges Medium. Ein gutes Arbeitsklima kann besonders stressige Situationen durch hohen Arbeitsaufwand oder Personalausfall für alle erleichtern. Wenn die Stimmung im Team gut ist, kommen die Mitarbeiter gern zur Arbeit und haben Spaß. Dies wirkt sich auch auf die Bewohner / Patienten aus. Ein freundliches Lächeln, ein kleiner Scherz wirken auf Menschen, die aufgrund einer Erkrankung gerade eine schwere Zeit durchleben, aufmunternd, lassen sie ihren Kummer für einen Moment vergessen und geben ihnen Lebensqualität. Humor hat hier das Ziel eine freundliche Atmosphäre zu schaffen und belastende, angespannte Situationen zu lösen. Humor ist vor allem auch ein Kommunikationsmittel. So kann Humor genutzt werden um eine angespannte, angstvolle Situation zu lösen, zum Beispiel bei einer Neuaufnahme im Krankenhaus oder Pflegeheim. Der „neue" Patient / Bewohner kennt sich noch nicht aus und hat Angst vor dem was auf ihn zu kommt. Schon hier kann die Pflegekraft mit einem Lächeln und einem passenden Spruch sehr positiv auf den Patienten / Bewohner einwirken.

Viele Mitarbeiter wünschen sich ein vertrauensvolles Arbeitsverhältnis, ehrliches Feedback, klare Zielvorgaben, Tansparenz und regelmäßige Informationen, Lob und Wertschätzung sowie Unterstützung. Humor kann im Sinne der Salutogenese durch ein starkes Kohärenzgefühl ein vertrauensvolles und gutes Arbeitsverhältnis stärken, wenn er richtig eingesetzt wird und die Werte und das Humorempfinden des Mitarbeiters respektiert werden, zu mehr Motivation und dadurch besserer Arbeitsqualität führen. Jedoch ist es nicht der humorvolle Führungsstil allein, der die Motivation steigen lässt, er ist eher das I-Tüpfelchen auf einem vertrauens- und respektvollen Arbeitsverhältnis. Um ein Humorkonzept sicher und nachhaltig zu gestalten, benötigt die Führungskraft ein hohes Maß an Empathie. Einfühlungsvermögen, aktives Zuhören und das Eingehen auf die Mitarbeiter, so dass diese sich trotz humoriger Interventionen ernstgenommen und nicht ausgelacht fühlen.

Im Umgang miteinander erleben wir jeden Tag Unzulänglichkeiten, Unmut und Stress. Auch hier kann man humorvoll intervenieren um mit manchen Tatsachen, die sich ohnehin nicht ändern lassen, besser umgehen zu können. Schon Florence Nightingale schrieb zu Zeiten des Krimkrieges an den Kriegsminister folgenden Satz, in dem sie auf die desaströsen Zustände in Hinblick auf Hygiene und Ausstattung aufmerksam machen wollte: *„Es gibt so viel Ungeziefer hier. Wenn all die Käfer wollten, könnten sie die unendlich langen Bettenreihen auf den Rücken schnallen und in einer endlos langen Reihe direkt zu Ihnen ins Kriegsdepartement tragen."* (Zimmer, 2012, S. 19). Daran kann man erkennen, auch wenn die Wissenschaft sich erst seit kurzem mit diesem Thema auseinandersetzt, ist dies jedoch nichts Neues.

Trotz aller positiven Aspekte ist im Umgang mit Humor im Gesundheitswesen Vorsicht geboten. Besonders Patienten und Bewohner, die sich in einer schwierigen Lebenssituation befinden, geprägt von Unsicherheit, Krankheit und vielleicht auch Schmerzen, können humorvolle Interventionen missverstehen und sich ausgelacht und nicht ernst genommen fühlen. Hier ist besonderes Fingerspitzengefühl gefragt. Aber auch Mitarbeiter haben sehr unterschiedliche Humorstile. Es bedarf großen gegenseitigen Vertrauens und Wertschätzung von beiden Seiten.

Fazit: Richtig angewandt kann ein humorvoller Führungsstil in Einrichtungen des Gesundheitswesens zu mehr Motivation und Pflegequalität führen. Voraussetzungen für das Gelingen sind ein hohes Maß an Empathie und Mitarbeiterorientierung seitens der Führungskraft. Zudem sollte der Humor sehr dosiert und gezielt eingesetzt werden. Im Gesundheitswesen können sich humorvolle Interventionen nicht nur positiv auf die Mitarbeiter und die Pflegequalität, sondern auch auf die häufig gesundheitlich eingeschränkte Klientel auswirken. Schmerzen und andere Beschwerden physischer oder psychischer Art können für einen Moment vergessen werden, die Lebensqualität wird gesteigert.

Literaturverzeichnis

Achtziger, Anja; Gollwitzer, Peter M.: Rubikonmodell der Handlungsphase, in Brandstätter, Veronika; Otto, Jürgen H. (2009): Handbuch der Allgemeinen Psychologie – Motivation und Emotion, Göttingen: Hogrefe

Amberg, Martina (2016): Führungskompetenz Achtsamkeit, Wiesbaden: Springer

Antonovsky, Aaron (1987). Unraveling the Mystery of Health – How People Manage Stress and Stay Well. San Francisco. Jossey-Bass Publishers (Deutsche Ausgabe: Franke, Alexa, Salutogenese. Zur Entmystifizierung der Gesundheit, 1997, dgvt-Verlag)

Auhagen, Ann Elisabeth (2006): Positive Kommunikation, Gütersloh: Gütersloher Verlagshaus

Bauer, Joachim (2007): Prinzip Menschlichkeit, 4. Auflage, Hamburg: Hoffmann und Campe

Berger, Peter L. (1998). Erlösendes Lachen. Das komische in der menschlichen Erfahrung. Berlin. Walter de Gruyter GmbH

Birchler, Verena (2007): Das Harmonie-Dilemma, Basel: Brunnen

Birkenbihl, Vera F. (2001): Humor: An Ihrem Lachen soll man Sie erkennen, Landsberg am Lech: mvg

Blochberger, Michael (2010): Emotionale Intelligenz in der Mitarbeiterführung, Berlin: Cornelsen

Brandt, Jörg; Oehmke, Kirsten (2010): Führen auf Augenhöhe – Kollegen und Teams motivieren und leiten, Berlin: Cornelsen

Brandstätter, Veronika et. al (2013): Motivation und Emotion, Berlin / Heidelberg: Springer

Brandstätter, Veronika; Otto, Jürgen H. (Hrsg.; 2009): Handbuch der Allgemeinen Psychologie – Motivation und Emotion, Göttingen: Hogrefe

Breckwoldt, Frank (2013): Hochleistung und Menschlichkeit, Offenbach: Gabal

Buhr, Andreas (2016): Führungsprinzipien, Offenbach: Gabal

Bundesgesundheitsministerium (2016): Sechster Bericht der Bundesregierung über die Entwicklung der Pflegeversicherung und den Stand der pflegerischen Versorgung in der Bundesrepublik Deutschland

Brede, Gabi (2012): Mitarbeiterführung – leiten, motivieren, kooperieren, Berlin: Cornelsen

Breyer-Mayländer, Thomas (2015): Führung braucht Klarheit, München: Hanser

Comelli, Gerhard; von Rosenstiel, Lutz (2009): Führung durch Motivation, 4. erweiterte und überarbeitete Auflage, München: Vahlen

Crisand, Ekkehard; Rahn, Horst-Joachim (2010): Psychologische Grundlagen im Führungsprozess, 3. überarbeitete Auflage, Hamburg: Windmühle

Das Demographie-Netzwerk (2017): Schlüsselfaktoren für eine erfolgreiche Personalarbeit in der Langzeitpflege, Dortmund

Delic, Dijana (2015): Humor als Erfolgsfaktor in Unternehmen, Norderstedt: GRIN

Dietz, Angela (2013): Gesundes Kommunizieren, Göttingen: BusinessVillage

Domnowski, Manfred (2010): Burnout und Stress in Pflegeberufen, 3. aktualisierte Auflage, Hannover: Schlütersche

Enkelmann, Nikolaus B; Enkelmann, Claudia E. (2011): Die große Macht der Motivation, Wien: Linde

Felser, Georg (2008): Motivationstechniken, 3. Auflage, Berlin: Cornelsen

Fiechter, Dorothea (2013): Gefüllt mit Humor – erfüllt Aggressionen managen? – in Schinzilarz / Friedli (2013): Humor in Coaching, Beratung und Training, Weinheim / Basel: Beltz

Fox, Elaine (2014): In Jedem steckt ein Optimist, München: Bertelsmann

Franke, Alexa (2003). Modelle von Gesundheit und Krankheit. Bern. Huber-Verlag

Freud, Sigmund (2012): Der Witz und seine Beziehung zum Unbewussten – Der Humor, 3. Auflage, Frankfurt am Main: Fischer Taschenbuch Verlag

Grieger-Langer, Suzanne (2016): Die Macht der positiven Manipulation, Freiburg: Haufe

Hagehülsmann, Ute & Heinrich (2007): Der Mensch im Spannungsfeld seiner Organisation, 3. Auflage, Paderborn: Junfermann Verlag

Heckhausen, Jutta; Heckhausen, Heinz (2010): Motivation und Handeln, 4. überarbeitete und erweiterte Auflage, Heidelberg: Springer

Hill, Dan (2010): Emotionomics (Übersetzung von Karlheinz Dürr und Hans Freundl), München: Redline

Hintz, Asmus J. (2013): Erfolgreiche Mitarbeiterführung durch soziale Kompetenz, 2. Erweiterte und überarbeitete Auflage, Wiesbaden: Springer und Gabler

Hofmann, Eberhardt (2011): Verhaltens- und Kommunikationsstile, Göttingen: Hogrefe

Hofmann, Irmgard (2010): Stress- und Burnoutprävention, Berlin: Cornelsen

Höfner, Eleonore; Schachtner, Hans-Ulrich (2010): Das wäre doch gelacht! Humor und Provokation in der Therapie, 7. Auflage, Reinbek bei Hamburg: Rowohlt Taschenbuch Verlag

Holtbernd, Thomas (2003): Führungsfaktor Humor, Frankfurt / Wien: Ueberreiters

Isfort, M.; Weidner, F. et al. (2010): Pflege-Thermometer 2009. Eine bundesweite Befragung von Pflegekräften zur Situation der Pflege und Patientenversorgung im Krankenhaus. Herausgegeben von: Deutsches Institut für angewandte Pflegeforschung e.V. (dip), Köln. Online verfügbar unter http://www.dip.deKaiser, Heinz Jürgen; Werbik, Hans (2012): Handlungspsychologie, Göttingen: Vandenhoeck & Ruprecht

Kannig, Uwe Peter (Hrsg.) (2007): Förderung sozialer Kompetenzen in der Personalentwicklung, Göttingen: Hogrefe

Kirchler, Erich; Walenta, Christa (2011): Führung, Wien: facultas

Kirchler, Erich; Walenta, Christa (2010): Motivation, Wien: facultas

Küpers, Wendelin; Weibler, Jürgen (2005): Emotionen in Organisationen, Stuttgart: Kohlhammer

Laufer, Hartmut (2013): Praxis erfolgreicher Mitarbeitermotivation, Offenbach: Gabal

Laufer, Hartmut (2014): Grundlagen erfolgreicher Mitarbeiterführung, 15. Auflage, Offenbach: Gabal

Lange, Stefan (2012): Kommunikationskompetenz in den Therapieberufen: Gemeinsam ans Ziel, Idstein: Schulz-Kirchner

Mahlmann, Regina (2002): Führungsstile flexibel anwenden, Weinheim / Basel: Beltz

Mahlmann, Regina (2011): Führungsstile gezielt einsetzen, Weinheim / Basel: Beltz

Martens, Jens-Uwe (2009): Einstellungen erkennen, beeinflussen und nachhaltig verändern, Stuttgart: Kohlhammer

Maruhn, Manfred (2015): Humor als kommunikatives Medium: Voraussetzungen für eine gelungene Kommunikation in der Sozialen Arbeit, Hamburg: Diplomica

Merten, Jörg (2003): Einführung in die Emotionspsychologie, Stuttgart: Kohlhammer

Messer, Barbara (2012): Inhalte merk-würdig vermitteln, Weinheim / Basel: Beltz

Mourlane, Denis (2015): Emotional Leading, München: dtv

Pantalon, Michael V. (2015): Motivation, München, dtv

Pommerenke, Ulrich (2013): Motivation und Erfolg, 2. Auflage, München: Burckhardthaus-Laetare

Quoidbach, Jordi (2012): Glückliche Menschen leben länger, Heidelberg: Springer

Rheinberg, Falko (2008): Motivation, 7. aktualisierte Auflage, Stuttgart: Kohlhammer

Ridder, Hans-Gerd (2015): Personalwirtschaftslehre, 5. Auflage, Stuttgart: Kohlhammer

Robinson, Vera M. (2002). Praxishandbuch Therapeutischer Humor: Grundlagen und Anwendungen für Gesundheits- und Pflegeberufe. Göttingen. Verlag Hans Huber

Rosenberg, Marshall B. (2004): Das Herz gesellschaftlicher Veränderung, Paderborn: Junfermann

Rothermund, Klaus; Eder, Andreas (2011): Motivation und Emotion, Wiesbaden: Springer

Rudolph, Udo (2013): Motivationspsychologie, 3. vollständig überarbeitete Auflage, Weinheim: Beltz

Salzwedel, Martin; Tödter, Ulf (2013): Authentisch Führen, 2. überarbeitete Auflage, Mannheim: Cornelsen

Sauerland, Martin; Müller, Günter F. (2012): Selbstmotivierung und kompetente Mitarbeiterführung, Hamburg: Windmühle

Scharlau, Christine (2009): Gesprächstechniken, Planegg: Haufe

Schinzilarz, Cornelia; Friedli, Charlotte (2013): Humor in Coaching, Beratung und Training, Weinheim / Basel: Beltz

Schirmer, Uwe; Woydt, Sabine (2016): Mitarbeiterführung, 3. überarbeitete und erweiterte Auflage, Berlin / Heidelberg: Springer Gabler

Schlag, Bernhard (2004): Lern- und Leistungsmotivation, 2. Auflage, Wiesbaden: UTB

Schmalt, Heinz-Dieter; Langens, Thomas A. (2009): Motivation, 4. vollständig überarbeitete und erweiterte Auflage, Stuttgart: Kohlhammer

Schmidt, Dirk (2011): Motivation, Wiesbaden: Gabler

Schöll, Raimund (2006): Emotionen managen, München / Wien: Hanser

Schulz von Thun, Friedemann; Ruppel, Johannes; Stratmann, Rita (2015): Miteinander reden: Kommunikationspsychologie für Führungskräfte, 15. Auflage, Reinbek bei Hamburg: Rowohlt Taschenbuch Verlag

Schwarz, Gerhard (2015): Führen mit Humor, 3. Überarbeitete Auflage, Wiesbaden: Springer

Sears, Melanie (2010): Gewaltfreie Kommunikation im Gesundheitswesen, Paderborn: Junfermann

Sevincer, A. Timur; Oettingen, Gabriele: Ziele, in Brandstätter, Veronika; Otto, Jürgen H. (2009): Handbuch der Allgemeinen Psychologie – Motivation und Emotion, Göttingen: Hogrefe

Siegel, Siglinde Anne (2005): Darf Pflege(n) Spaß machen? Humor im Pflege- und Gesundheitswesen: Bedeutung, Möglichkeiten und Grenzen eines außergewöhnlichen Phänomens, Hannover: Schlütersche

Simon, M.; Tackenberg, P.; Hasselhorn, H.-M.; Kümmerling, A.; Büscher, A.; Müller B.H. (2005): Auswertung der ersten Befragung der NEXT-Studie Deutschland, Witten-Herdecke:

Sprenger, Reinhard K. (2014): Mythos Motivation, 20. aktualisierte Ausgabe, Frankfurt am Main: Campus

Spitzer, Manfred (2013): Das (un)soziale Gehirn, Stuttgart: Schattauer

Stollreiter, Marc; Ebner, Markus; Völgyfy, Johannes (2007): Gut aufgelegt! Kommunikationspsychologie am Telefon, Wien: facultas

Weiner, Bernard (1994): Motivationspsychologie, 3. Auflage, Weinheim: Psychologische Verlagsunion

Zielke, Christian (2007): Führungstechniken, Planegg bei München: Haufe

Zimmer, Claudia M. (2012): Lachen erlaubt! Humor in Gesundheitsberufen, Berlin / Heidelberg: Springer Verlag

Internetverzeichnis

https://www.ethz.ch/content/dam/ethz/special-interest/mtec/chair-of-entrepreneurship-dam/documents/BMS_Downloads/ETH_BMS_Grundlagen_der_Fuhrung.pdf (Stand: 15.10.2017)

https://www.bundesgesundheitsministerium.de/fileadmin/Dateien/5_Publikationen/Pflege/Berichte/6.Pflegebericht.pdf (Stand: 26.08.2017)

https://www.rki.de/DE/Content/Gesundheitsmonitoring/Gesundheitsbericht erstattung/GBEDownloadsT/pflege.pdf?_blob=publicationFile (Stand: 26.08.2017)

https://www.duden.de/rechtschreibung/Empathie (Stand: 15.10.2017)

https://www.duden.de/rechtschreibung/Humor_Stimmung_Frohsinn (Stand: 15.10.2017)

https://www.duden.de/rechtschreibung/komisch (Stand: 15.10.2017)

https://www.duden.de/rechtschreibung/Lachen (Stand: 15.10.2017)

https://www.duden.de/rechtschreibung/Scherz_Spasz_Neckerei_Witz (Stand: 15.10.2017)

http://www.humorcare.com

http://www.humorcare.com/informationen/fachgruppen/humor-im-unternehmen/index.php (Stand: 15.10.2017)

http://www.lachverband.org/Wissenschaft.53763.html

https://www.pschyrembel.de/Gruppe/T01VF/doc/ (Stand: 26.08.2017)

http://wirtschaftslexikon.gabler.de/Archiv/55073/unternehmenskultur-v7.html (Stand: 10.10.2017)

http://wirtschaftslexikon.gabler.de/Archiv/77712/erwartungswert-theorie-v11.html (Stand: 03.09.2017)

http://wirtschaftslexikon.gabler.de/Definition/gruppe.html (Stand: 26.08.2017)

https://www.psychologie.uni-heidelberg.de/ae/allg/lehre/wct/m/M01/M0102beg.htm